DIOSES Y MITOS CHINOS

DIOSES Y MITOS CHINOS

EDIMAT Libros
Ediciones y Distribuciones Mateos

Publicado por EDIMAT LIBROS, S.A.
C/ Primavera, 35
Polg. Ind. El Malvar
28500 Arganda del Rey - Madrid
España

ISBN 84-8403-462-3

Este libro es obra de
Quantum Books Ltd.
6 Blundell Street
London N7 9 BH

Director de Proyecto: Rebecca Kingsley
Editor del Proyecto: Judith Millidge
Diseño:Wayne Humphries
Traducción: Javier Alfonso López

QUMKG&M

Título original: Chinese Gods and Myths

ÍNDICE

LAS RAÍCES DE LA RELIGIÓN

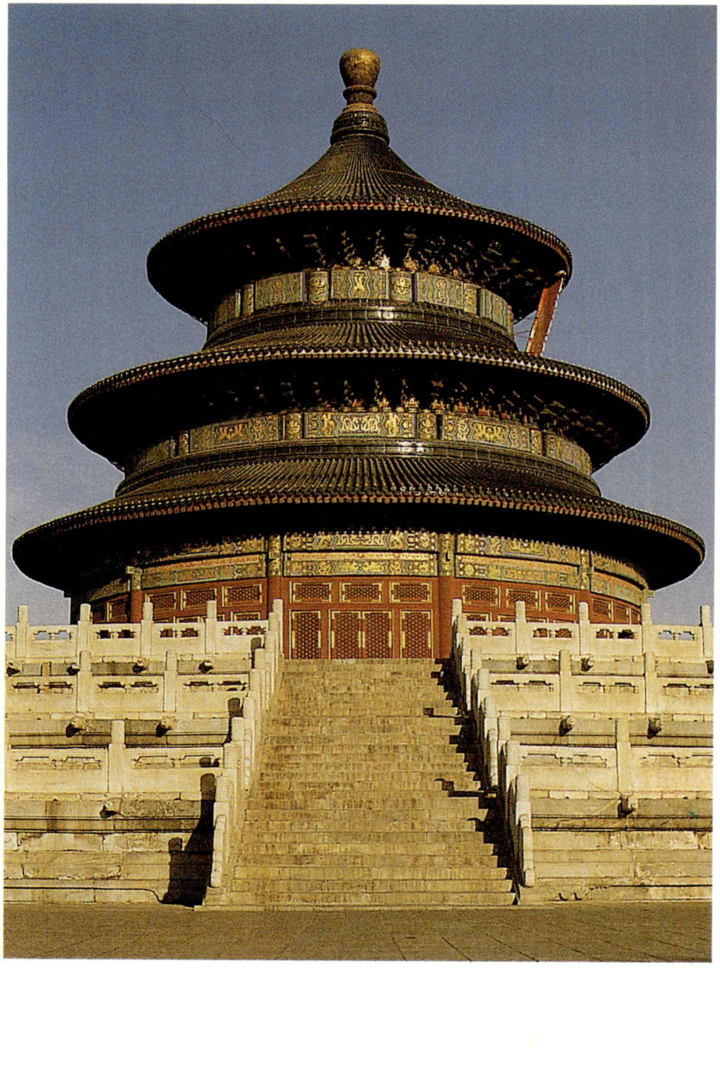

El pueblo chino nunca ha sentido la necesidad de separar los mundos de la mitología y la realidad; tan inextricablemente unidos están, que resulta difícil precisar cuándo acaba uno y empieza el otro. Las figuras históricas se convierten en dioses y se habla de las mitológicas como si formaran parte de la historia. Los primitivos chinos pensaban que, tras la creación, el mundo había sido regido por una sucesión de doce emperadores divinos, cada uno de los cuales había gobernado durante un período de dieciocho mil años. El ritual de devoción a los antepasados también era parte significativa de la primitiva cultura china, aspecto que todavía hoy sigue presente en la fe popular. A pesar de los antiquísimos lazos comerciales que unieron a China con el mundo exterior gracias a la Ruta de la Seda, el pensamiento y la cultura de este pueblo apenas absorbió elemento alguno de otras civilizaciones, y este carácter de aislamiento cultural permanece hasta nuestros días.

Página anterior: El Templo del Cielo, en Pekín, donde el emperador oficiaba el sacrificio anual al cielo y dirigía las plegarias por una buena cosecha.

Aunque la tendencia a mezclar realidad y fantasía pueda a veces antojarse desconcertante para la mentalidad occidental, esta curiosa simbiosis da idea del poder de la mitología en la tradición china. Incluso en los días de la China revolucionaria, podía sentirse este mismo proceso: el presidente Mao, en pleno apogeo de la Revolución Cultural (1968-1978), era considerado por muchos como el dios todopoderoso a quien el pueblo debía cuanto de bueno sucedía en el país. Cuando una azafata era capaz de ofrecer la explicación de que "no es necesario llevar el cinturón de seguridad porque Mao, el Gran Timonel, se hace cargo de todo", uno piensa que los personajes sobrenaturales, como aquellos que pueblan las antiguas leyendas, siguen vivos en pleno siglo XX. El pueblo chino narra su historia como una línea dinástica ininterrumpida que se remonta hasta el mundo de los dioses Nugua y Fuxi, saltando sin reparos de la línea temporal histórica a la mitológica.

LA ANTIGUA RELIGIÓN

Los primeros restos arqueológicos confirman la teoría de que el pueblo Shang habitaba en el siglo XII a.C. la cuenca del río Amarillo, la "cuna de la civilización china", aproximadamente cuando comenzaba a surgir la cultura griega. Como en Grecia, ya antes del siglo IV a.C., China poseía una estructura social altamente desarrollada, y muchas de las características de la vida de aquel tiempo han perdurado hasta el siglo XX. Tal estabilidad en el sistema social es una de las grandes consecuciones del pueblo chino.

China logró la supervivencia de su sistema social gracias a la habilidad

Debajo: Este bronce Ming del siglo XVII representa a Lao-tse, el fundador del taoísmo, a lomos de un búfalo de agua en el que salió de China para dirigirse al oeste.

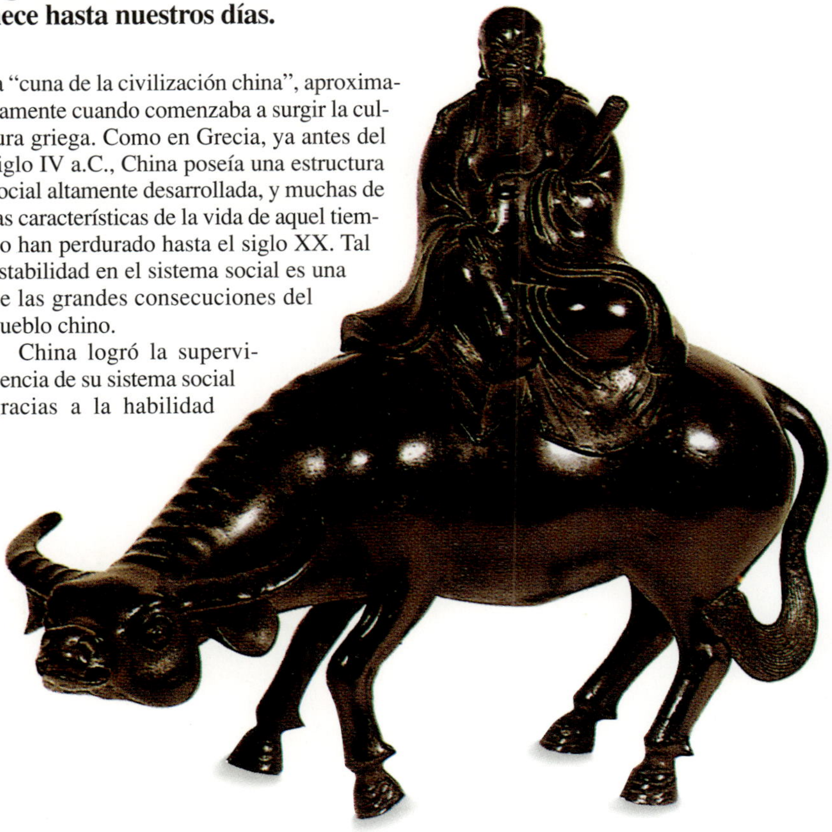

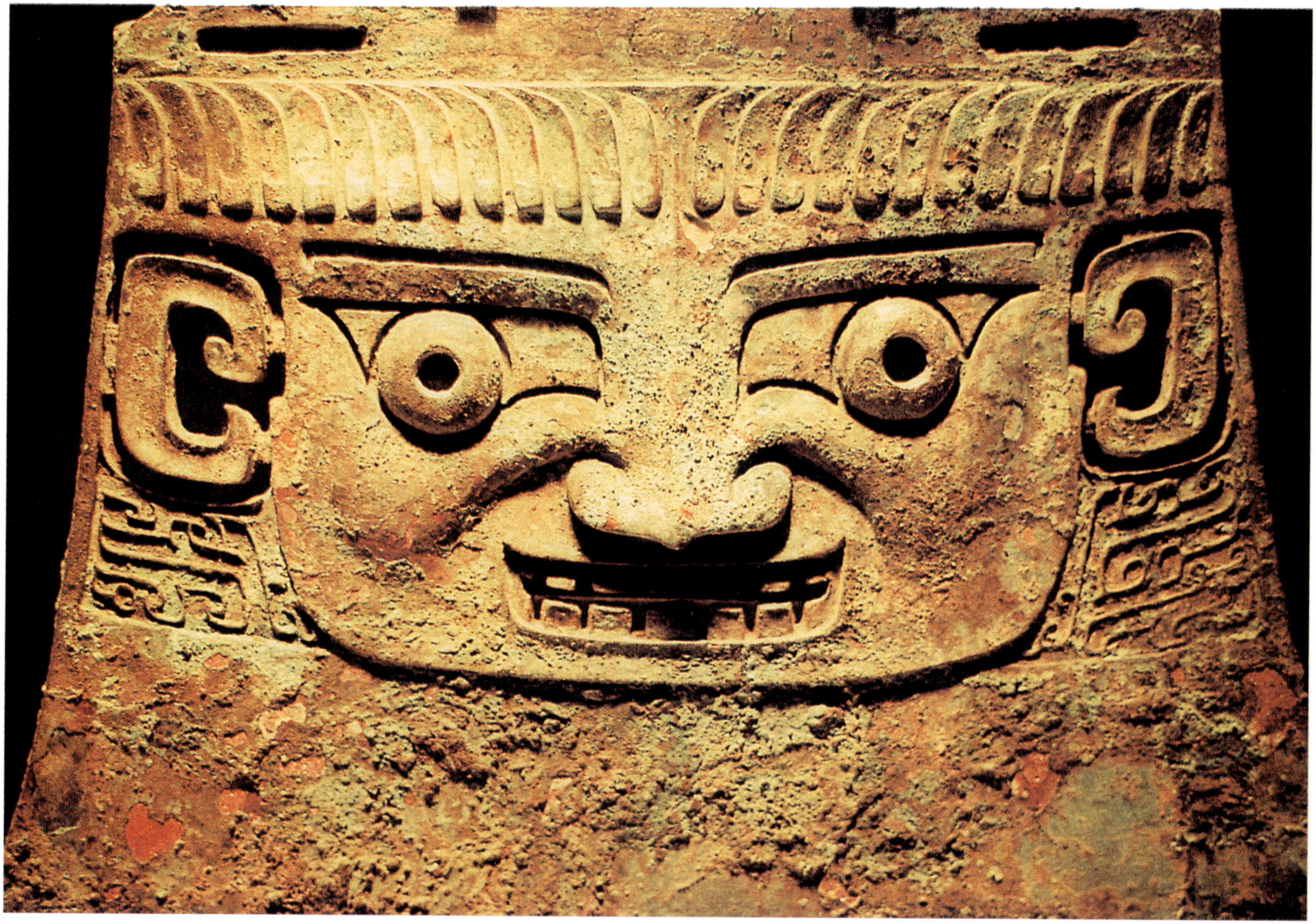

Arriba: Una cabeza de hacha ceremonial de bronce de la dinastía Shang (1500-1066 a.C.). Durante el período Shang, la fundición del bronce estuvo muy desarrollada en China, tanto técnica como decorativamente.

para modificar y dar un carácter propio a las influencias extranjeras. Los que intentaron someter el país se encontraron con una sociedad más sofisticada y compleja que la suya, y aun cuando triunfaban en el campo de batalla, terminaban por adoptar las costumbres y estructuras políticas de los conquistados. Así ocurrió cuando las tribus nómadas manchúes conquistaron China entrando por el norte y establecieron la dinastía Qing en el siglo XVII. Pero la influencia exterior más significativa para el desarrollo del país (al menos hasta la introducción del marxismo-leninismo en el siglo XX) no vino de la mano de pueblos invasiores: el budismo penetró en China a través de la Ruta de la Seda y fue traído por los comerciantes procedentes de India y Asia Central durante el siglo I a.C.

Por aquel entonces ya existían dos religiones o, mejor, escuelas de pensamiento, establecidas en el país: el confucianismo y el taoísmo.

EL CONFUCIANISMO

Toma este nombre de su fundador K'ung Futse ("Maestro K'ung"), que vivió entre 551 y 479 a.C., durante el período de los "reinos combatientes". Después de pasar toda la vida intentando en vano convencer a varios nobles y gobernantes de los pequeños estados para que aceptaran sus ideas éticas y morales, Confucio murió sin haber llegado a ver su sistema filosófico puesto en práctica. Sus discípulos se encargaron de recoger el pensamiento del maestro y publicarlo póstumamente, aunque habría que esperar hasta la dinastía Han (206 a.C. - 220 d.C.) para ver el confuncianismo convertido en la ideología dominante del Estado chino.

Cuando finalmente se unificó China en el siglo II a.C., los confucionistas demostraron ser los únicos capaces de dirigir con eficacia los asuntos públicos del país. Por tanto, se convirtieron en las principales figuras de la vida pública y la administración del Estado, lo que contribuyó aún más a la difusión del pensamiento confucionista.

Confucio, que fue contemporáneo de Buda en la India, defendía la idea de una sociedad ampliamente estructurada y jerárquica, con la familia como principal elemento de cohesión social. Abogaba por un estricto código ético y recalcaba la importancia de un gobierno bueno y justo. Estaba convencido de que era posible alcanzar un estado de armonía si cada individuo atendía a sus responsabilidades y desem-

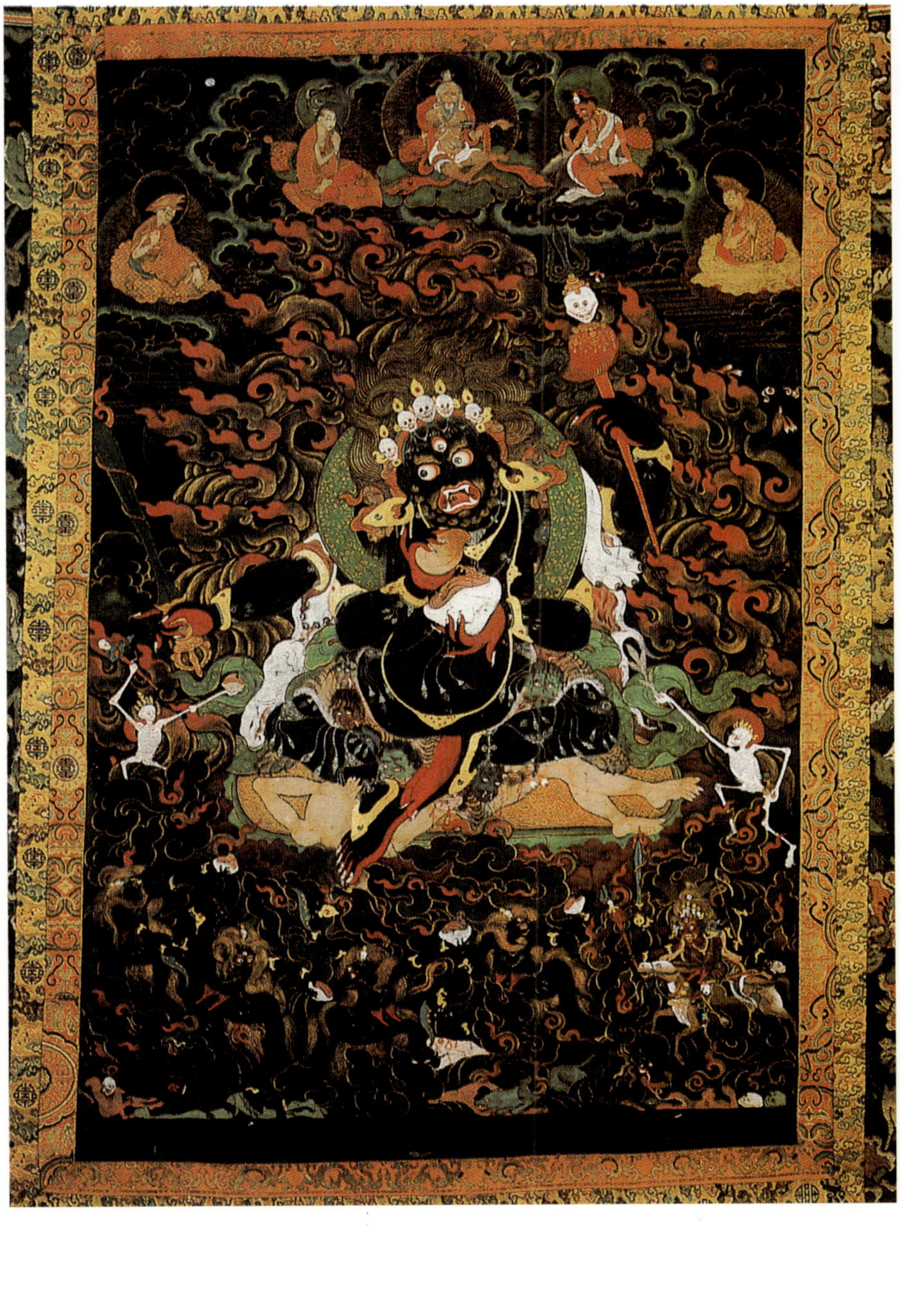

Derecha: Pintura tibetana que muestra el destino de los pecadores después de la muerte. Obsérvense los dioses de la parte superior de la composición.

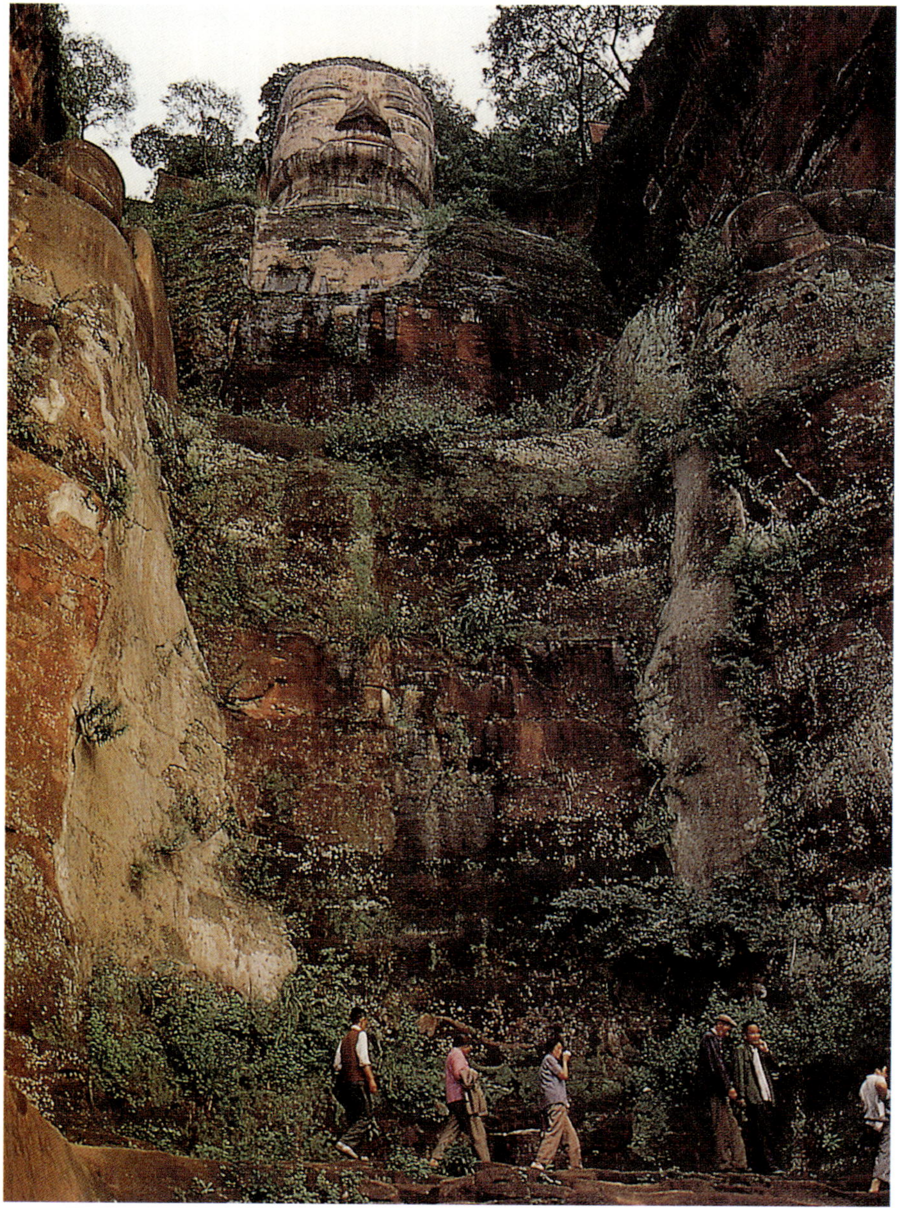

peñaba con diligencia las obligaciones a que su puesto le comprometía. La unidad de la familia se conseguía a través de la veneración a los ancianos y la práctica de la piedad filial. Aunque se negaba a dar su opinión sobre la existencia de seres sobrenaturales, es bien cierto que los sacrificios representaron una parte fundamental del pensamiento confucionista.

EL RITUAL

A través de determinadas ceremonias, a cada persona quedaba asignado su lugar en el amplio orden social, y se le recordaba el conjunto de obligaciones a las que ese lugar le comprometía. En la práctica, para cada individuo esto se traducía en garantizar que los ancianos estuvieran felices y debidamente atendidos, tanto en la última fase de su vida como después de la muerte; en un nivel superior, el emperador debía realizar sacrificios anuales al cielo y la Tierra. Las preocupaciones de Confucio eran de orden práctico: asegurarse del buen funcionamiento de un Estado sólido y perfectamente ordenado. No puede decirse que su filosofía constituya una religión, pues carece de muchos de los rasgos propios de las religiones; por ejemplo, una clase sacerdotal.

Más tarde, sus seguidores trataron de que el confucianismo adquiriese un carácter más típicamente religioso: construyeron templos, mezclaron los dioses ancestrales con sus propias creencias y, finalmente, deificaron al propio Confucio (a pesar de la firme oposición de los más eruditos). Han sobrevivido muy pocos textos confucionistas primitivos, aunque se dice que el *I Ching* fue escrito o compilado por el propio Confucio.

Izquierda: Gigantesco Buda tallado en la pared de un acantilado en Chengdu, en la provincia de Sichuan.

Derecha: La forma del símbolo shou *("longevidad") trata de representar el diagrama taoísta de la "circulación interna".*

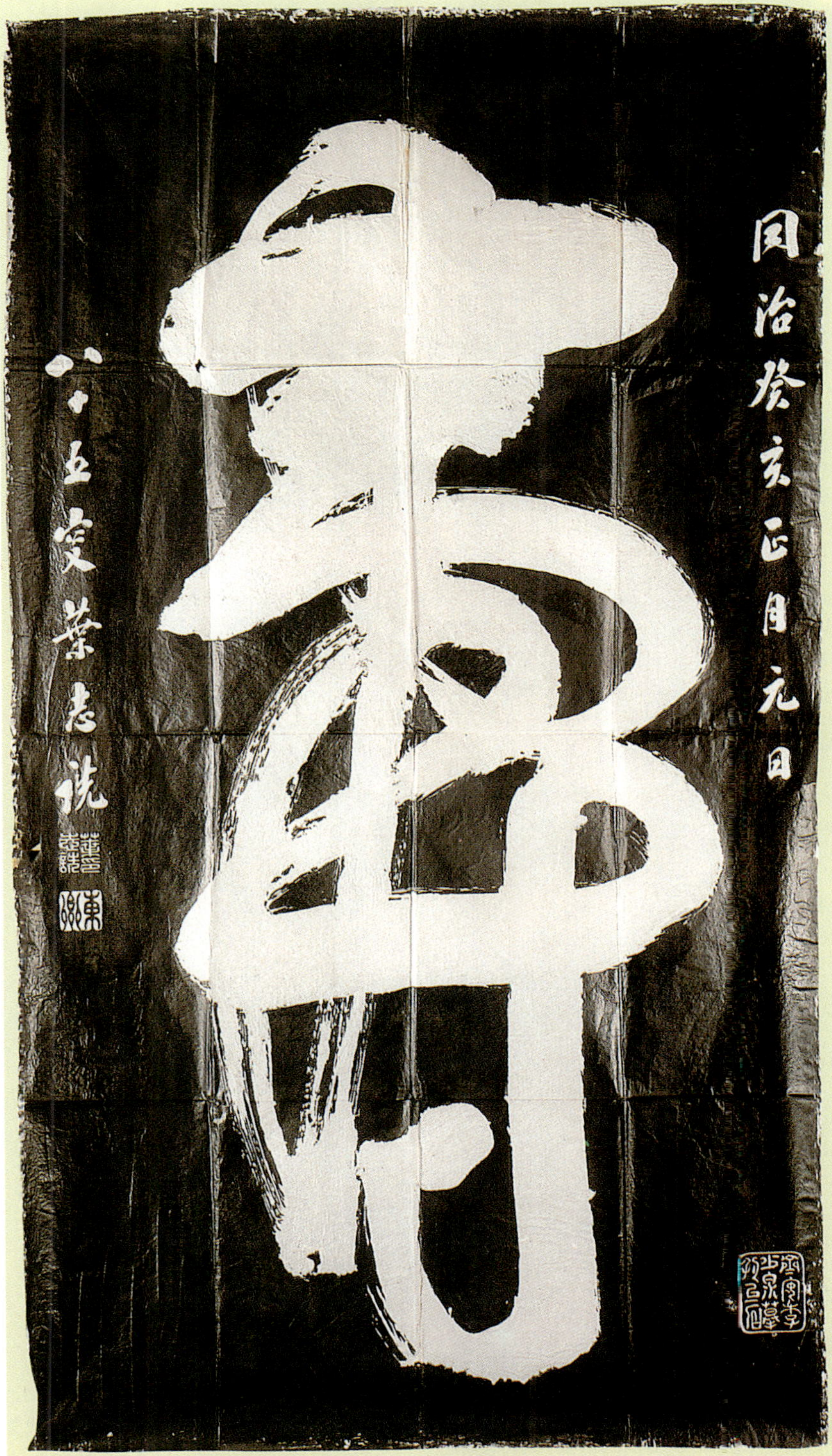
同治癸亥正月元日
八十五叟葉志詵

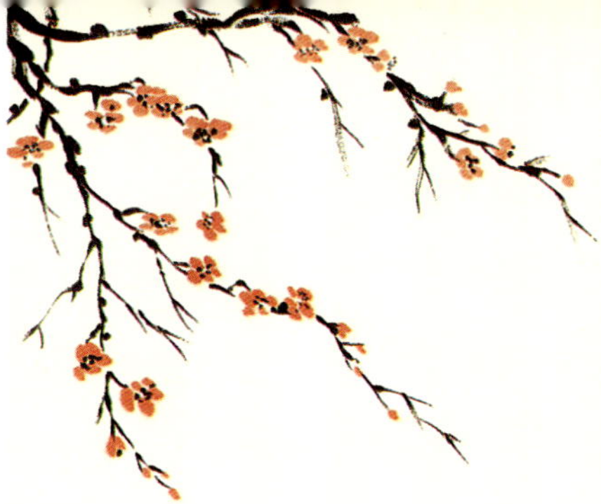

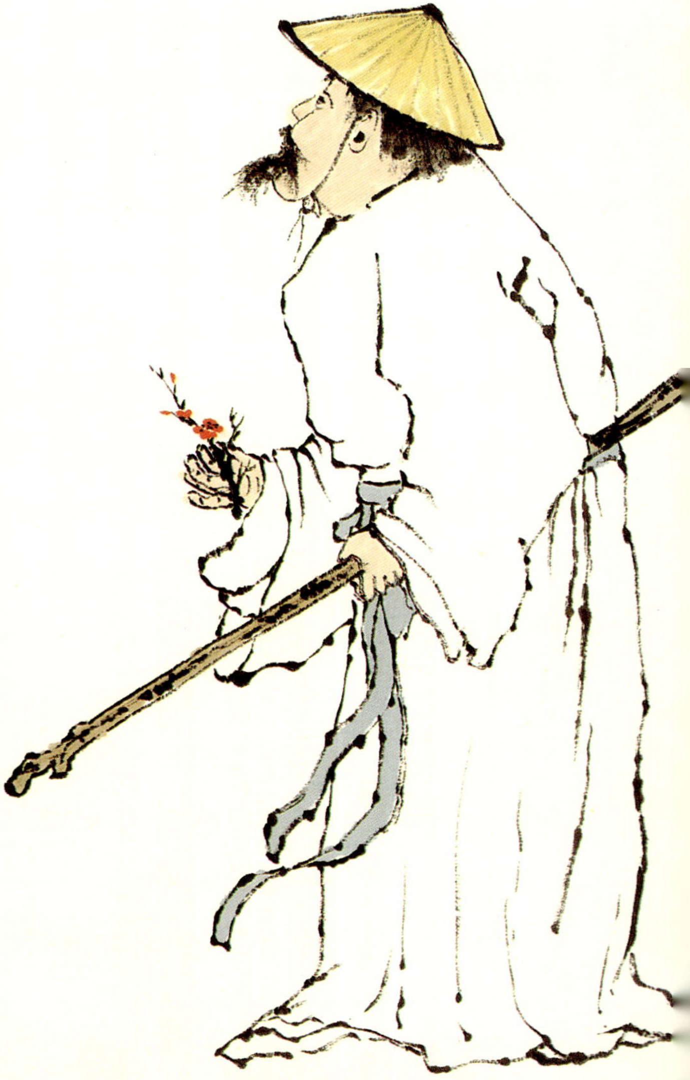

El taoísmo

La escuela de pensamiento conocida como taoísmo nació prácticamente al mismo tiempo que el confucianismo. Uno de los primeros textos taoístas fue el *Tao Te Ching* ("Libro de la vía y la virtud"), probablemente escrito por el sabio taoísta Lao-tsé alrededor del siglo VI a.C. Mientras que el confucianismo se ocupa más de asuntos éticos y políticos, los eruditos taoístas atendían a cuestiones esencialmente religiosas. En su aspecto más filosófico, el taoísmo asume la existencia de un orden natural en el mundo, el cual determina el comportamiento de todos los seres. Los primeros pensadores taoístas creían en la unidad de las cosas, la identidad de todo con el universo, y confiaban en que por medio del estudio de la naturaleza llegarían a descubrir las leyes esenciales que rigen ese universo unitario.

Lao-tsé

Existen ciertas discrepancias sobre la existencia real de este personaje (se dice que nació en el año 604 a.C.), aunque actualmente algunos estudiosos aseguran que nada tiene que ver con la autoría del *Tao Te Ching*. En cualquier caso, se convirtió en el punto central de la nueva religión, y fue divinizado para poder competir con el budismo cuando este último apareció en el siglo I d.C.

El Tao y la ciencia

Este interés por el espíritu de las cosas —especialmente por los elementos de la naturaleza, como el viento o el agua— condujo a los taoístas a una investigación sistemática que se convirtió en el origen de la ciencia en China. Con el tiempo, esta religión actuó en un plano más popular; la creencia de que los objetos inanimados poseían un "dios" o "alma" dio paso a un sistema de adoración destinado a propiciar estos poderes, algo alejado de los primeros pasos del taoísmo. Los sacerdotes taoístas practicaban también el arte del *fengshui*

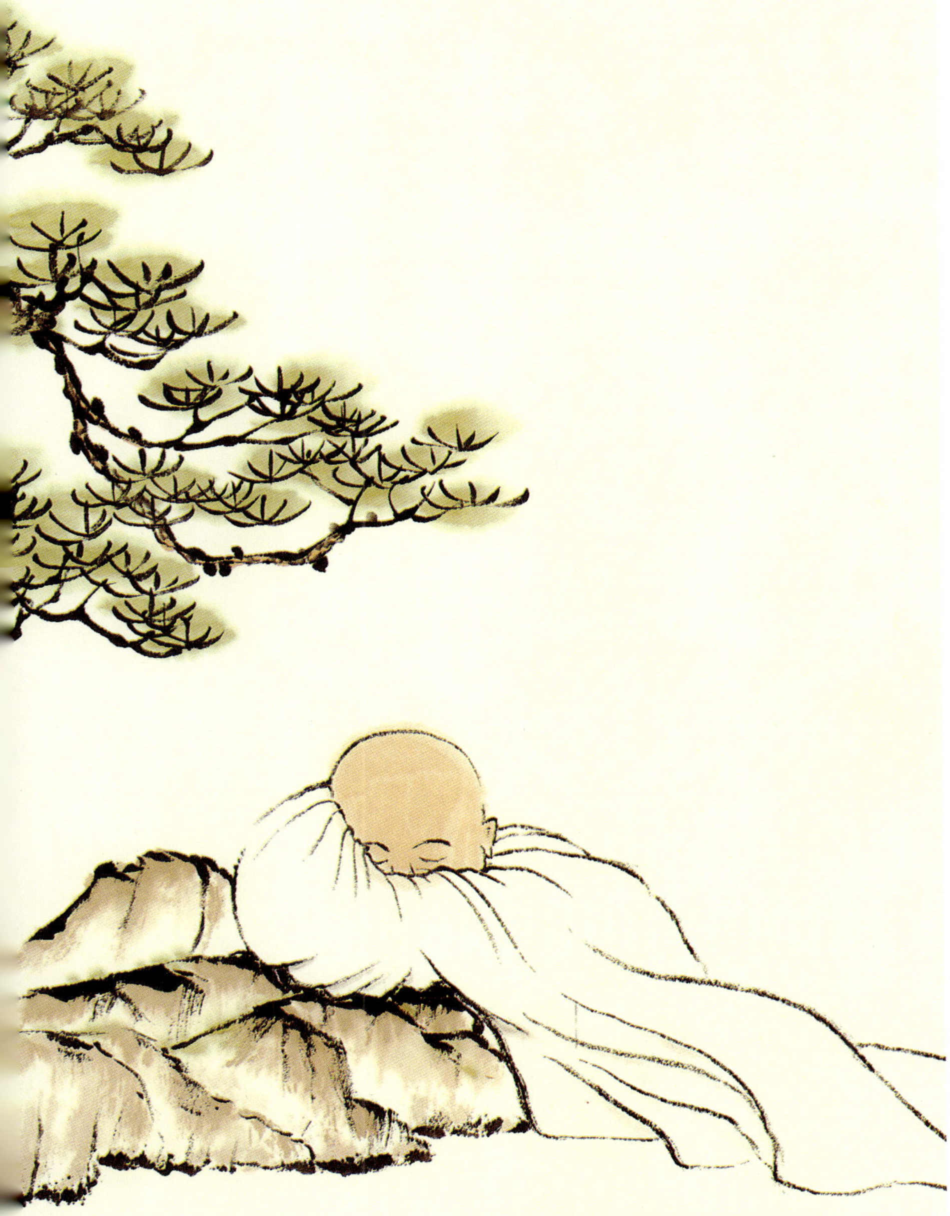

Página anterior: Figura inspirada por Fan Zeng.

Izquierda: Monje dormido.

("viento y agua"), método utilizado para determinar la posición de los edificios, a fin de que ésta no ofendiera al espíritu o deidad del lugar. Esta religión ha tenido una enorme influencia en el desarrollo de la pintura paisajistica de China. Sus preocupaciones se reflejan en los temas de este género: el estudioso que desde su rústica reclusión busca con la mirada las montañas vestidas de pinos y envueltas en la neblina.

EL BUDISMO

Introducido en la India en el siglo I d.C., esta religión era tan popular en tiempos de la dinastía Tang (618-906 d.C.) que se atrevía a desafiar el monopolio de las religiones ya existentes en el país.

Una de las aportaciones más importantes que el budismo hizo a China fue el concepto de la transmigración de las almas. Esta creencia en un ciclo de la vida, la visión de que las almas regresan al mundo bajo la forma que determina el comportamiento del individuo en las pasadas encarnaciones, ofrecía no poco consuelo a quienes pensaban que su vida dejaba mucho que desear. La mitología del infierno se debe sobre todo al budismo: al llegar al mundo inferior, el alma comparece ante Yen Wang, el dios de la muerte, que hace balance de sus buenas y malas acciones. Por ejemplo, los creyentes o aquellos que cumplen sus obligaciones filiales pueden unirse directamente con el propio Buda, ir al monte Kunlun, morada de los inmortales, o renacer en un ser humano. Los pecadores comparecen ante uno de los nueve jueces, que les imponen un castigo de acuerdo con las faltas que hayan cometido. En el budismo, quitar la vida se consideraba como el más atroz de los pecados, idea que trajo consigo un nuevo respeto por todos los seres vivos: las prácticas vegetarianas se extendieron con la difusión del culto budista.

De la filosofía a la religión

Todas las culturas del mundo han desarrollado una mitología construida alrededor de poderosas deidades, por lo que no es sorprendente que los chinos adaptaran sus sistemas filosóficos de la misma manera. Tales creencias proporcionan a los pueblos una explicación del mundo que les rodea y de las impredecibles y todopoderosas fuerzas de la naturaleza que pueden cambiar sus vidas en un instante.

Los nobles y los emperadores, que ya antes habían practicado una elaborada forma de culto a los antepasados, adoptaron con toda naturalidad el confucianismo y el taoísmo. Pero los agricultores, mayoritariamente excluidos de tales rituales, depositaron su fe en adivinos que decían poder aplacar a los malos espíritus, y sus creencias estuvieron siempre más cerca del ancestral animismo de la tierra. El budismo, al contrario, era mucho más accesible para el pueblo común, aunque su fe resultó ligeramente modificada para enfatizar la importancia de la familia sobre el individuo.

Una fe práctica

Los mitos chinos son reflejo de la admiración universal por el trabajo y la valentía. Existen un buen número de leyendas en que el pobre vence sobre el tirano dictador, en una exaltación de valores como la justicia o la honestidad, lo que no deja de ser llamativo en una sociedad tan jerárquica como la china.

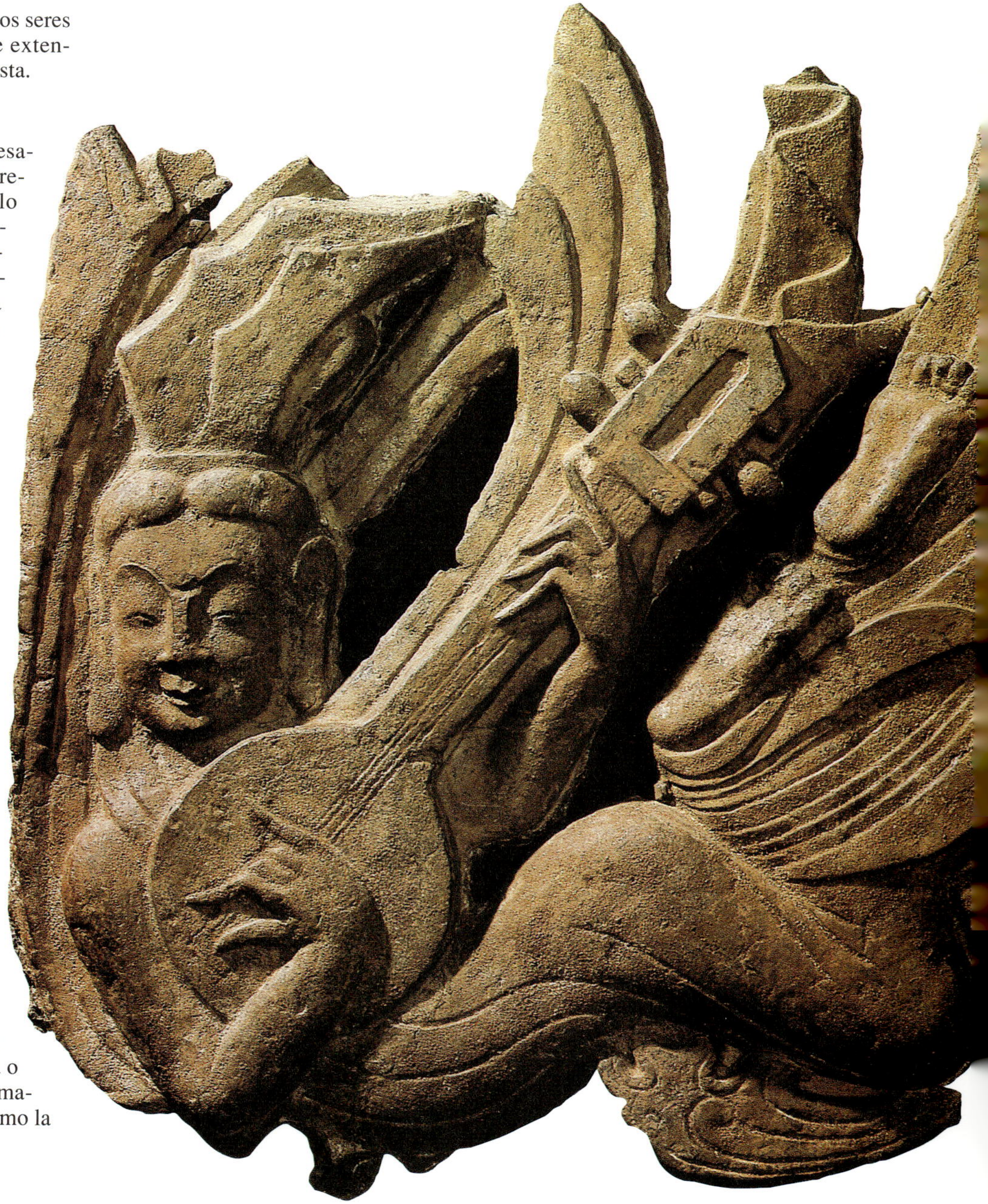

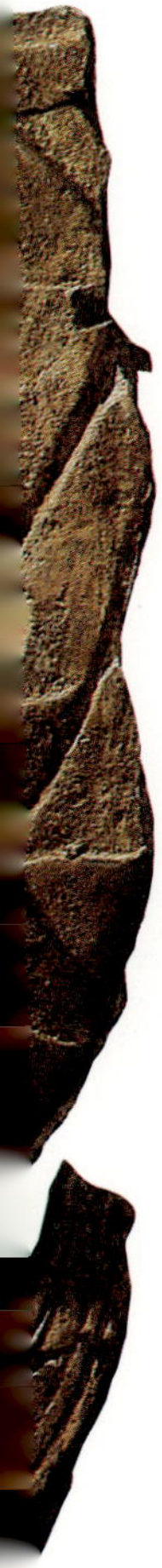

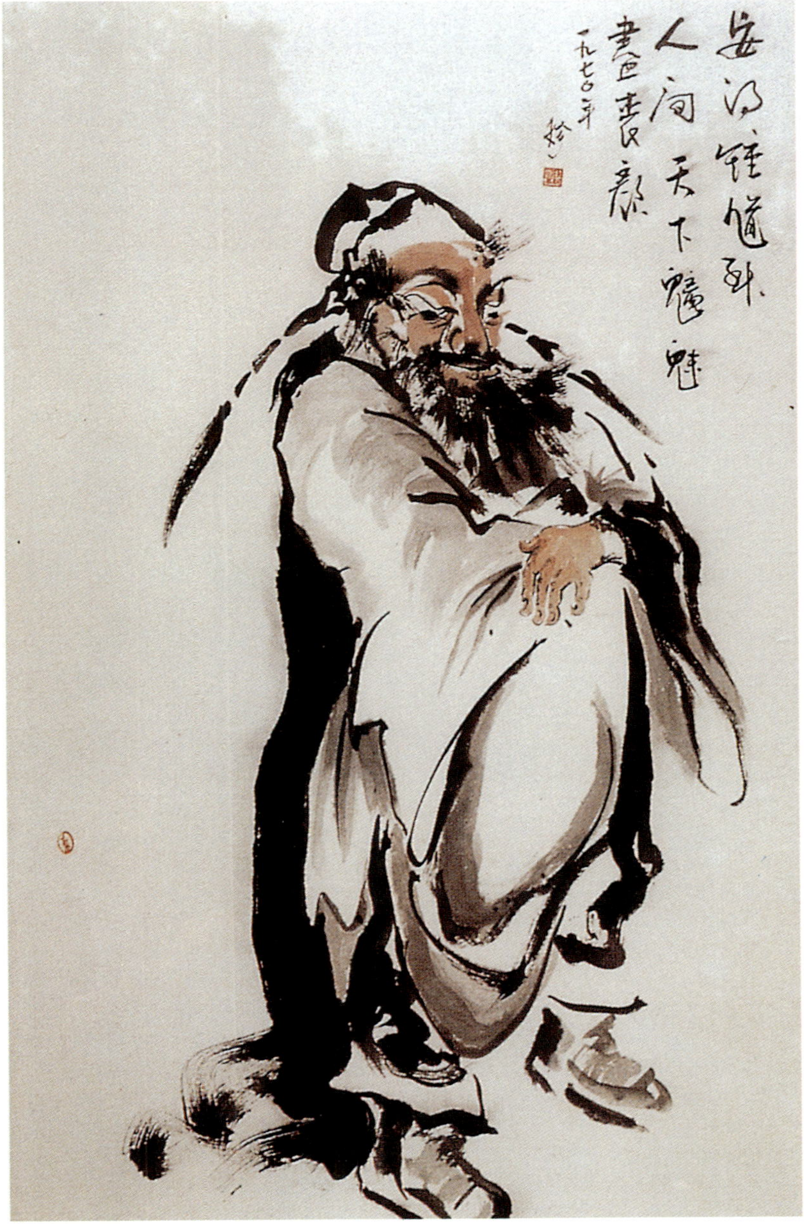

Página anterior: Un apsara, *o ser celestial que adopta la forma de un músico volando sobre una nube. Esta escultura del siglo VI se encuentra en un templo budista alojado en una cueva en Longmen, provincia de Henan.*

Izquierda: Chung K'uei, personaje de una leyenda china. Lleva el traje tradicional y el sombrero y coletas habituales en todas sus representaciones.

Este pragmático modo de entender la religión se resume en el refrán "Confucionista en el trabajo, taoísta en la jubilación y budista cuando la muerte se acerca". Si pretendemos racionalizar y explicar, decodificar sus relatos mitológicos, nos perderemos en el complicado nudo que es la mitología china. Pero si, por el contrario, los aceptamos como el relato vívido y coherente de una forma de experimentar el mundo, como una fuente de inspiración y consuelo, entonces entraremos en un mundo fascinante e iluminador.

China es un país extraordinariamente grande, que ha sido capaz de dar cabida a un número también enorme de creencias, y fundir las tres principales corrientes filosóficas en algo que podría considerarse una religión nacional.

LA LITERATURA CHINA

Aunque son abundantes los textos escritos sobre la historia de China, el estudioso de la mitología tropieza con no pocos obstáculos. Como ocurre con el "Viaje al Oeste", muchos de los textos no son tan antiguos como se pretendía, y en algunos los autores han ido añadiendo fragmentos para dar más credibilidad a los relatos. Es frecuente encontrar varias versiones de un mismo mito, sin posibilidad de dilucidar cuál de ellas es la autorizada. El *Shanhaijing*, editado en el siglo I a.C., y el *Huainanzi*, que contiene los escritos de Huai Nan, compilado en el siglo II a.C., son fuente de numerosos mitos clásicos. Durante la dinastía Tang, uno de los

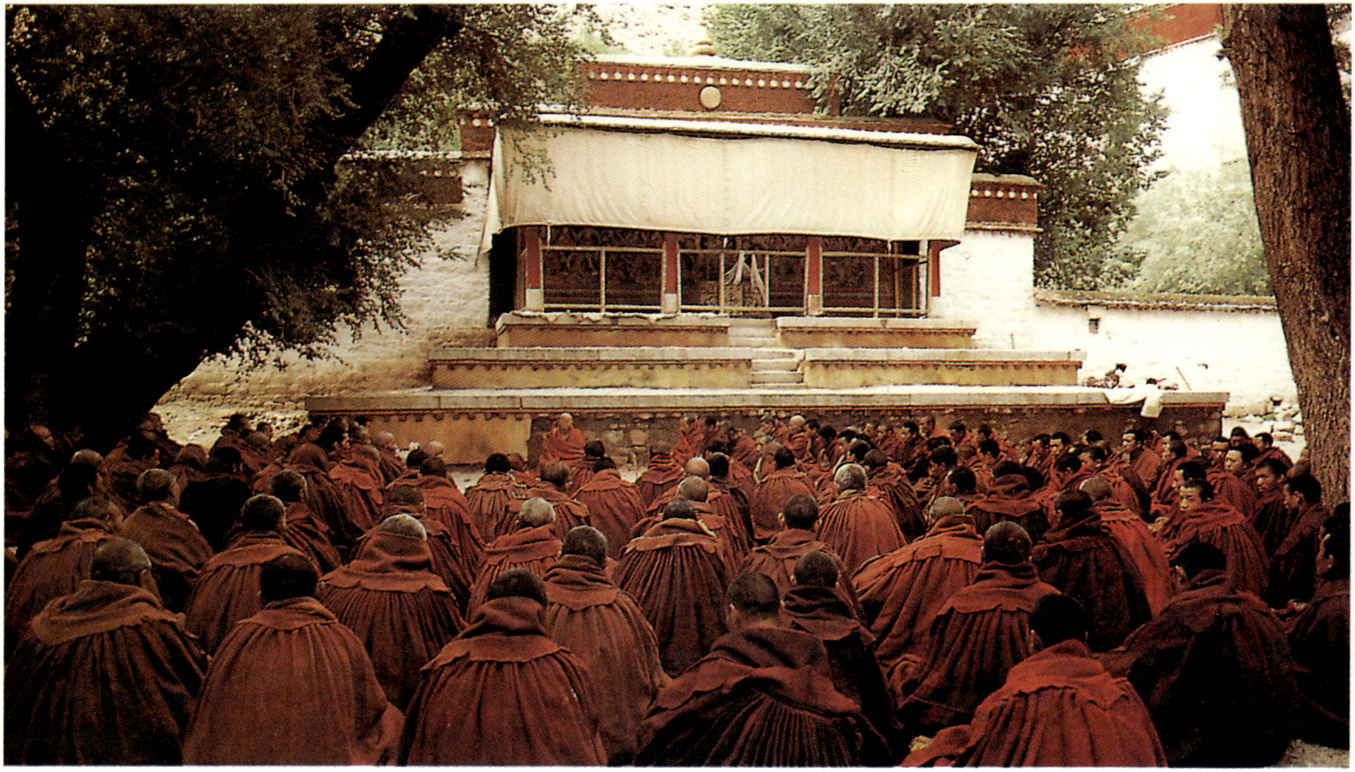

Arriba: Un monasterio budista en la tibetana ciudad de Lhasa. El Tíbet fue invadido por los comunistas en 1950 y bajo el gobierno chino se prohibieron todas las instituciones religiosas tradicionales.

períodos artísticos más creativos de la historia china, existía un gran interés por lo mágico y lo sobrenatural, y en las historias escritas en aquel período se introducían temas de la primitiva mitología y el folclore.

LAS TRADICIONES CULTURALES

El confucianismo, el taoísmo y el budistmo se combinaron para dar vida a una sorprendente herencia mitológica. Aunque el noventa y cuatro por ciento de los mil millones de chinos de la República Popular pertenecen al grupo Han, tan sólo representan uno de los cincuenta grupos etnolingüísticos del país.

UNA HERENCIA VARIADA

Esta rica herencia cultural ha dado lugar a un gran cuerpo literario que constituye una parte vital de la vida de China. Es imposible entender su literatura sin conocer antes sus mitos, ya que las referencias a ellos son constantes. Hoy en día, estos relatos siguen proporcionando el tema para numerosas adaptaciones y variaciones —en forma de libro, comic, obra de teatro, ópera y hasta película de cine—. En las celebraciones y días de fiesta, en la pintura y la escultura, como figuras del lenguaje, los mitos de la antigua China laten aún en todos los aspectos de la vida del pueblo.

Mitos de la Creación

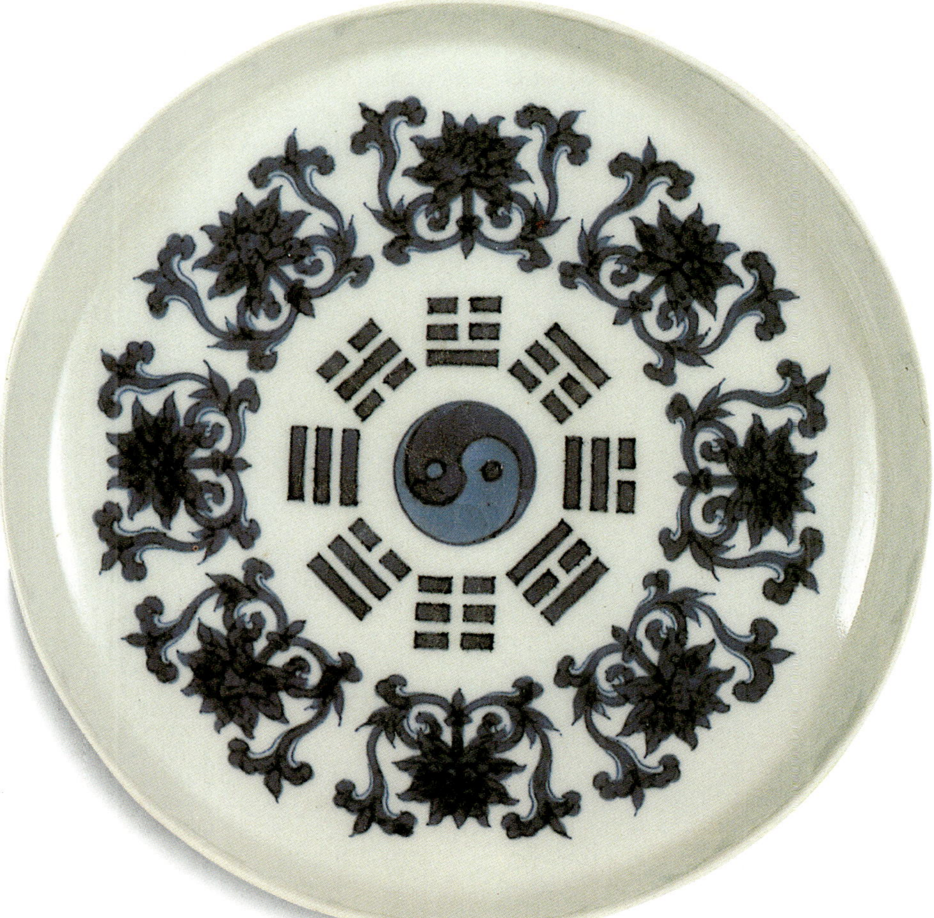

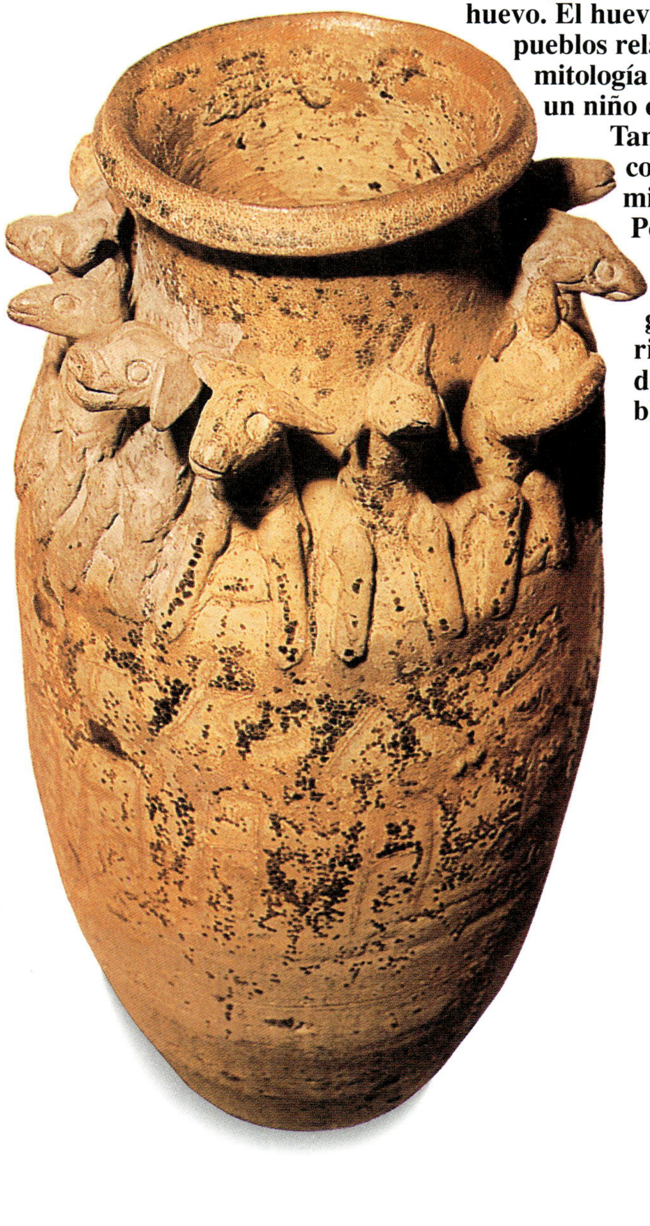

En la leyenda china existen varios mitos de la creación, aunque el más importante es el del gigante Pangu, que emergió de un primigenio huevo. El huevo es un símbolo de la fertilidad muy común, que muchos pueblos relacionan directamente con la creación y el nacimiento. La mitología surcoreana, por ejemplo, habla de un huevo que contenía un niño que con el tiempo se convirtió en señor de todo el mundo. También en la mitología india aparece el tema del huevo. El concepto de único progenitor de la raza humana puede asimismo encontrarse en culturas tan diversas como Grecia o Polinesia. De igual manera, el matrimonio incestuoso chino de Nugua y su hermano Fuxi encuentra su réplica en la mítica unión de Izanami e Izanagi de la tradición mitológica japonesa, relato, por otra parte, tomado casi con seguridad de la mitología china. La composición de la leyenda de Pangu se fecha en torno al siglo IV d.C., aunque probablemente sus orígenes son mucho más antiguos.

Incluso dentro de China, los mismos temas y motivos aparecen frecuentemente con diferentes aspectos. Una layenda del folclore recogida en la provincia de Hebei atribuye a Pangu la creación de unas figurillas de barro que después se convirtieron en los primeros seres humanos. En otra historia, la unión de Tianlong y Diya, ayudantes de Wenchang, el dios de la literatura, engendró los primeros hombres. La universalidad de tales temas indica que las preocupaciones de los pueblos de todo el mundo han sido siempre similares; esto refuerza las teorías de Carl Jung acerca del "inconsciente colectivo" y la posibilidad de una experiencia humana compartida.

Página anterior: Plato de porcelana decorado con el símbolo yin/yang y rodeado por ocho trigramas que se empleaban en las prácticas adivinatorias. Suele atribuirse su descubrimiento a Fuxi, hermano de Nugua.

Izquierda: Vaso fechado entre los siglos V y VI d.C. decorado con animales que representan los doce meses del año.

LA COSMOGRAFÍA DE LA CHINA CLÁSICA

La estructura del mundo clásico chino aparece indicada en varias fuentes, y a partir de ellas es posible descubrir que existían diversas cosmografías (es decir, teorías del universo). Poco se sabe de la escuela *Suan Ye*, salvo que sus seguidores creían que el Sol y las estrellas se movían libremente por la bóveda celeste. Otra escuela sostenía que el universo tenía la forma de un huevo en la parte superior de cuyo interior estaba pintado el cielo, con la Tierra flotando en un océano que descansaba sobre la parte inferior de la cáscara. Otra tradición aún más antigua, la escuela *Zhou Bei*, afirmaba que el cielo era un cuenco invertido que rotaba alrededor del eje de la Estrella Polar; la Tierra era un cuadrado situado bajo el cielo, con sus cuatro lados rodeados por otros tantos mares. El cielo se concebía como una cúpula sólida cuyo peso era soportado por cuatro u ocho pilares o montañas. En el mito de Gonggong, que veremos más adelante, aparece una curiosa explicación de por qué la Estrella Polar no ocupa el centro del cielo.

Una civilización científicamente avanzada como la china poseía un sofisticado conocimiento del universo, y algunos estudiosos creen que ya en el siglo I d.C. los chinos habían deducido a través de cálculos que la Tierra debía ser redonda.

EL GIGANTE PANGU

En el principio de los tiempos sólo existía en el universo un caos oscuro. Dentro de aquella oscuridad —que tenía forma de huevo— nació Pangu, la primera criatura viviente. Pangu dormía alimentándose dentro del huevo. Después de muchos años, cuando se hubo convertido en un gigante, Pangu despertó y se estiró, rom-

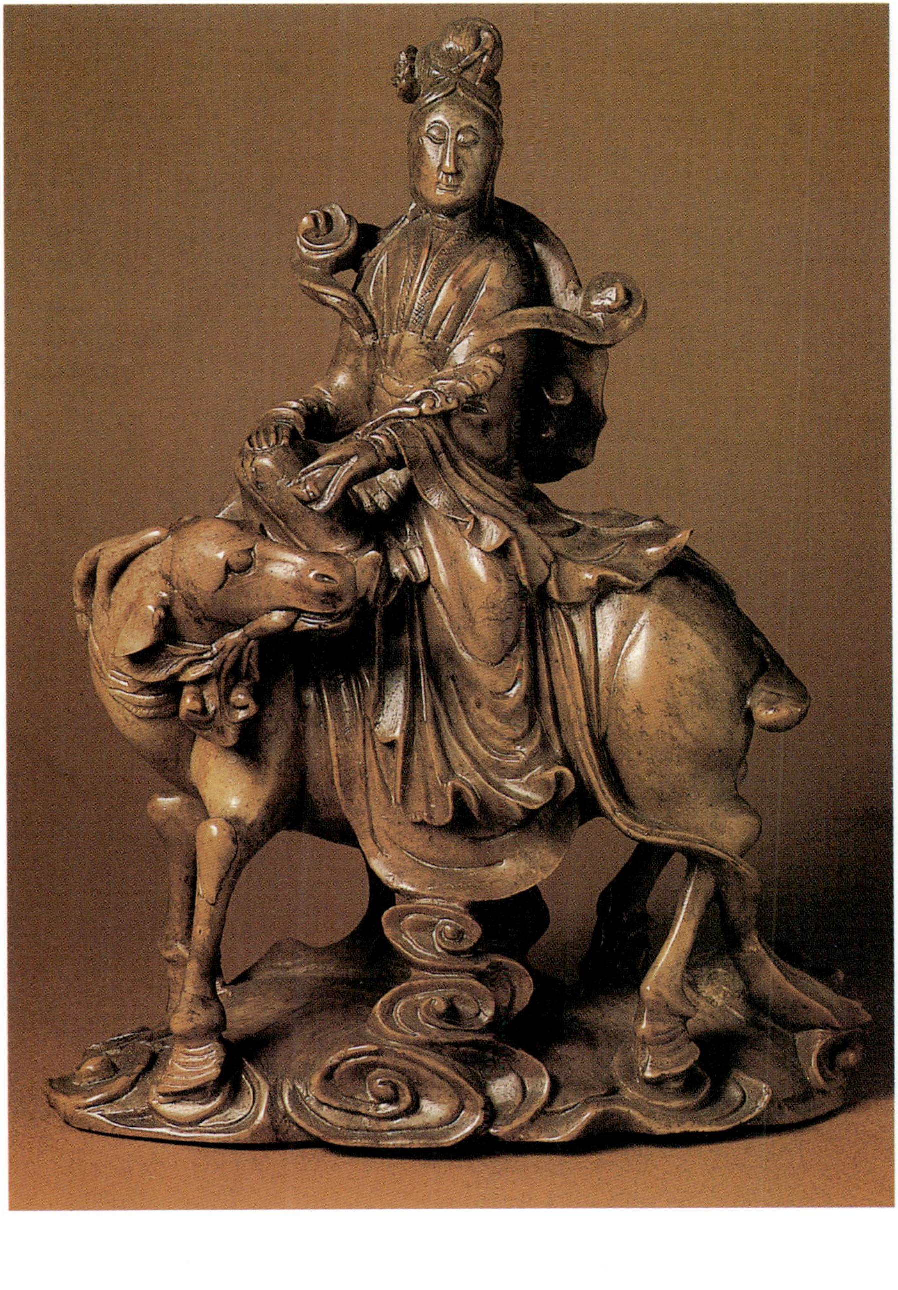

Derecha: Xiwangmu, la Reina Madre del Oeste, cabalga a lomos de un ciervo y sostiene un melocotón y un hongo, símbolos ambos de la longevidad. Se trata de una talla en esteatita realizada en el siglo XVII.

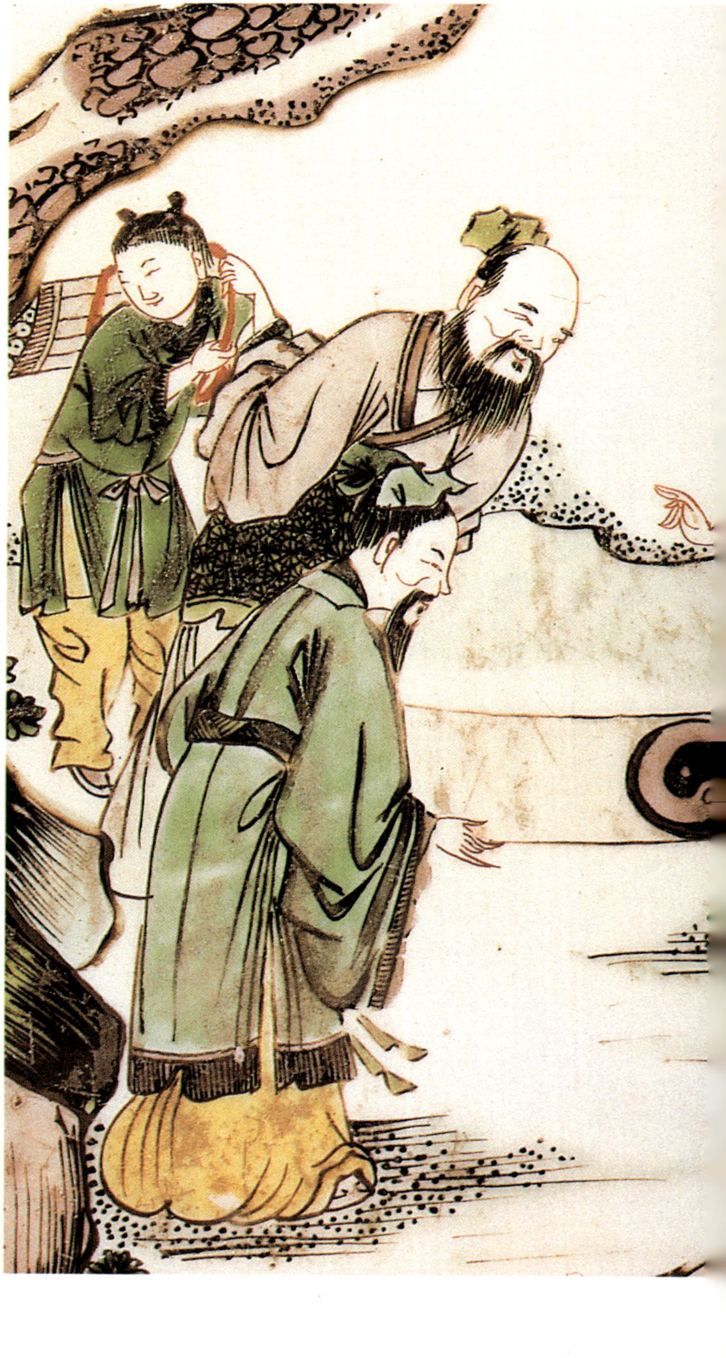

Derecha: Los sabios taoístas examinando una pintura que representa el símbolo yin/yang. (Detalle de un plato de porcelana del período Kangxi, dinastía Qing.)

piendo la cáscara del huevo. Las partes más ligeras y puras de éste se elevaron y formaron el cielo; las más impuras y pesadas se hundieron, dando lugar a la Tierra. Tal fue el principio de las fuerzas de yin y yang.

YIN Y YANG

El elemento femenino, yin, se asocia a la idea de frío y oscuridad, es decir, la Tierra y la Luna; el masculino, yang, con la luz y el calor, representados por el Sol y los cielos. (Este antiguo concepto chino del yin/yang ha sido conocido por los occidentales gracias a la popularidad alcanzada por el *I Ching*, o Libro de los Cambios.)

La interacción de estas dos fuerzas sostiene el cosmos chino. Si se perturba su equilibrio, el desastre se cernirá sobre la raza humana. Los antiguos chinos consideraban el cielo como la fuente de la climatología que gobernaba sus vidas, y sabían que el gobernante de la Tierra debía ofrecer sacrificios al mundo de Shang Ti, el hijo del Cielo. Así como el yin y el yang cósmicos deben permanecer en armonía, la interacción del hombre y la naturaleza era importante para la supervivencia de la raza humana. El hombre, por tanto, debía aprender a reaccionar correctamente ante los caprichos de la naturaleza.

PANGU Y LA CREACIÓN

Pangu temía que el cielo y la Tierra pudieran volver a unirse, de modo que se colocó entre ambos, su cabeza sosteniendo la bóveda celeste y sus pies clavados firmemente en el suelo. Durante los siguientes dieciocho mil años, Pangu creció a razón de tres metros diarios, lo que también diariamente aumentaba la distancia entre ambas regiones en idéntica pro-

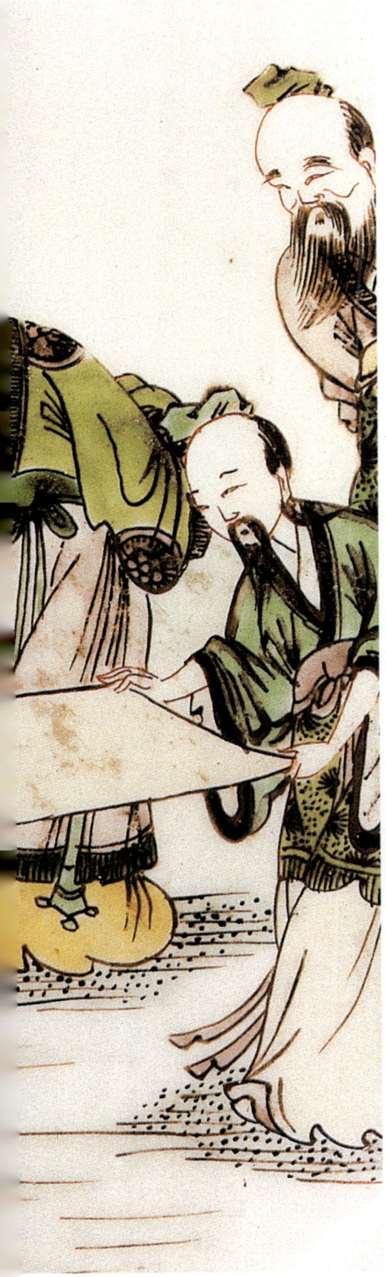

porción. Finalmente, cuando el cielo y la Tierra, ahora separados por un espacio de treinta mil millas, parecían lo bastante lejos para que Pangu se sintiera tranquilo, el gigante cayó rendido de agotamiento y entró en un profundo sueño del que nunca despertó.

LA MUERTE DE PANGU

Al morir Pangu, las distintas partes de su cuerpo se tranformaron en los elementos de la naturaleza: su aliento se convirtió en el viento y las nubes; su voz, en el trueno y el relámpago; de su ojo izquierdo nacieron el Sol y la Luna; el tronco y los cuatro miembros se transformaron en los cuatro puntos cardinales y las montañas; su sangre dio el ser a los ríos y sus venas fueron los caminos y senderos; su carne se convirtió en los árboles y el suelo; su melena, en las estrellas y el cielo, y de la piel y los cabellos del cuerpo nacieron la hierba y las flores; los metales y las piedras se formaron a partir de sus dientes y huesos, y el rocío, con su sudor. Por último, los parásitos de su cuerpo se transformaron en los pueblos que forman la raza humana. Y así es como se creó el universo a partir del gigante Pangu.

Las distintas versiones que existen de este mito difieren tan sólo en detalles como, por ejemplo, qué partes del gigante dieron lugar a determinados elementos del universo. Algunas leyendas otorgan a Pangu el poder de controlar la climatología, directamente relacionada con su estado de ánimo.

Es probable que el mito de Pangu se añadiera a la cosmología taoísta en el siglo IV d.C., ya que ilustra a la perfección la teoría del yin y el yang.

Es interesante observar el lugar que la raza humana ocupa en este mito de la creación. En lugar de ocupar el centro del universo, los hombres son una pequeña e insignificante parte del orden cósmico. Esta misma visión se manifiesta en la pintura paisajista china: las diminutas figuras humanas, empequeñecidas por la belleza del entorno natural, se pierden en la inmensidad de unos paisajes dominados por montañas, lagos y cascadas. En la siguiente historia se ofrece otra versión sobre el rigen de la raza humana.

NUGUA PUEBLA LA TIERRA

Existió hace mucho tiempo una diosa que era mitad humana y mitad serpiente (algunos dicen que mitad dragón). Tenía el poder de cambiar de forma a voluntad, y podía hacerlo muchas veces al día.

En una ocasión, mientras estaba paseando por su recién creado mundo, tuvo la sensación de que, aunque lleno de cosas bellas y maravillosas, aquel mundo era un lugar solitario. Nugua deseaba la compañía de otros seres como ella, con los que pudiera hablar y reír. Meditando, llegó hasta un río y se sentó en la orilla, contemplando su reflejo en el espejo del agua. Perdida en sus reflexiones, introdujo la mano en el agua y del lecho del río sacó un puñado de barro, al que dio la forma de una pequeña figura semejante a ella, pero en lugar de cola de serpiente, dotó a su creación de un par de piernas para que así pudiera permanecer erguida.

LOS PRIMEROS HUMANOS

La pequeña criatura cobró vida tan pronto como la diosa la depositó en el suelo, y en seguida empezó a saltar alrededor de Nugua y a reír alegremente. Muy satisfecha quedó la diosa con su obra y decidió poblar el mundo con tan encantadoras figuritas. Todo el día estuvo trabajando en su creación hasta caer la noche, y a la mañana siguiente reanudó la tarea. Pero Nugua pronto comprendió que semejante trabajo era agotador y que quedaría exhausta antes de poder completar su propósito, de manera que decidió usar sus poderes sobrenaturales. Tomó un sarmiento, lo introdujo en el barro y después le dio vueltas en el aire. Las gotas de barro que resbalaban

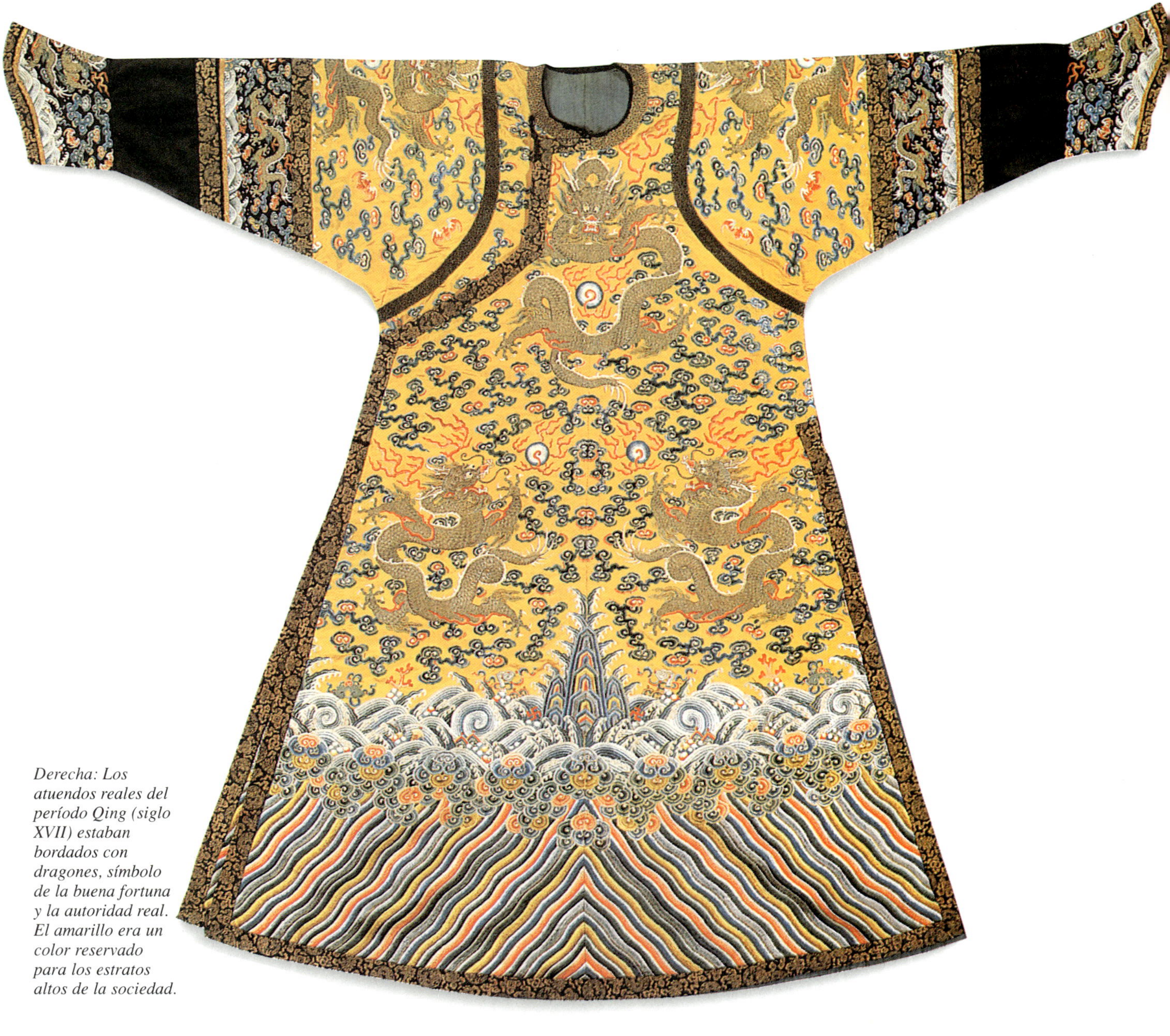

Derecha: Los atuendos reales del período Qing (siglo XVII) estaban bordados con dragones, símbolo de la buena fortuna y la autoridad real. El amarillo era un color reservado para los estratos altos de la sociedad.

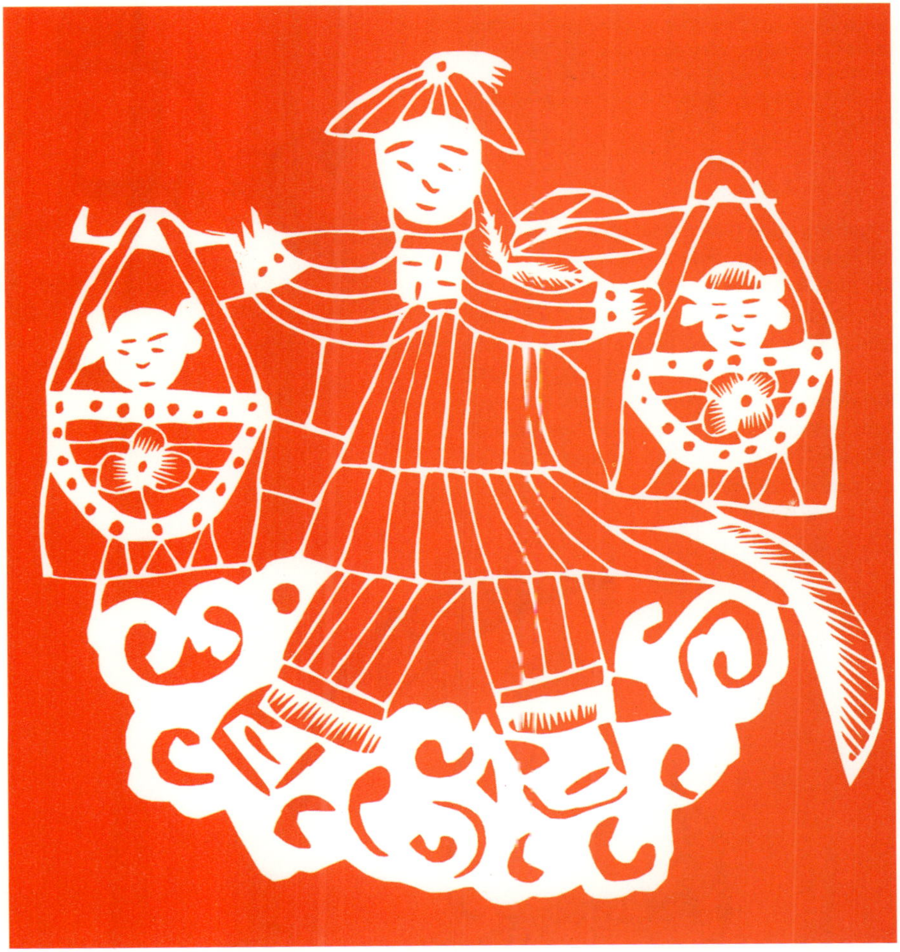

Arriba: Popular representación en papel del boyero de la leyenda de "Los amantes separados". En la imagen se le ve llevando a sus dos hijos en dos cestas suspendidas de una pértiga mientras se dirige al cielo para visitar a su esposa.

del tallo se iban transformando, al tocar el suelo, en pequeños seres. Algunos dicen que aquellos primeros nacidos de las manos de Nugua se convirtieron en los ricos y afortunados, y que los nacidos de las gotas de barro formaron el pueblo común. La diosa comprendió que, para evitar que la recién creada raza se extinguera al morir aquellos primeros seres, era preciso dotarlos de capacidad reproductora. Los dividió entonces en hombres y mujeres, para que pudieran engendrar futuras generaciones sin su divina asistencia.

NUGUA Y FUXI

Otra leyenda cuenta que en el principio de los tiempos tan sólo existían dos seres en el mundo: Nugua y su hermano Fuxi. Ambos deseaban casarse y engendrar hijos, pero temían consumar un matrimonio incestuoso sin el permiso de los cielos. Un día ascendieron a lo más alto del monte Kunlun, en el oeste, y Nugua y Fuxi encendieron sendas hogueras. Al ascender, el humo de ambos fuegos se unió en el aire, lo que ambos interpretaron como indicio de que podían convertirse en marido y mujer. Nugua hizo un abanico de paja con el que cubrió modestamente su rostro mientras consumaban la unión; hoy en dia sigue siendo costumbre que las novias sostengan en su mano un abanico.

LA DERROTA DE GONGGONG

Un día Gonggong, el dios del agua, y Zhurong, el del fuego, decidieron luchar para saber cuál de los dos era más fuerte. Tras muchos días de enconada pelea, en el curso de la cual ambos cayeron del cielo, Gonggong fue derrotado. Tan avergonzado quedó el dios que decidió poner fin a su vida lanzándose contra el monte Buzhou, uno de los soportes del cielo. Buzhou salió malparado del encontronazo, pues una parte del mismo se derrumbó, lo que produjo un agujero en el cielo y enormes grietas en la superficie de la Tierra. De estos abismos empezaron a manar agua y fuego, provocando una inundación tan grande que cubrió toda la superficie de la Tierra. Los que pudieron escapar a la inundación vieron cómo el fuego devoraba sus cosechas y sus hogares.

NUGUA SALVA AL MUNDO

Nugua, que había dado la vida a aquellas criaturas, no podía soportar verles sufrir así, por

Ambas páginas: Esta selección de figuras chinas muestra las raíces agrícolas de su religión y enfatiza la naturaleza contemplativa de sus creencias y su influencia en todos los estilos del arte chino.

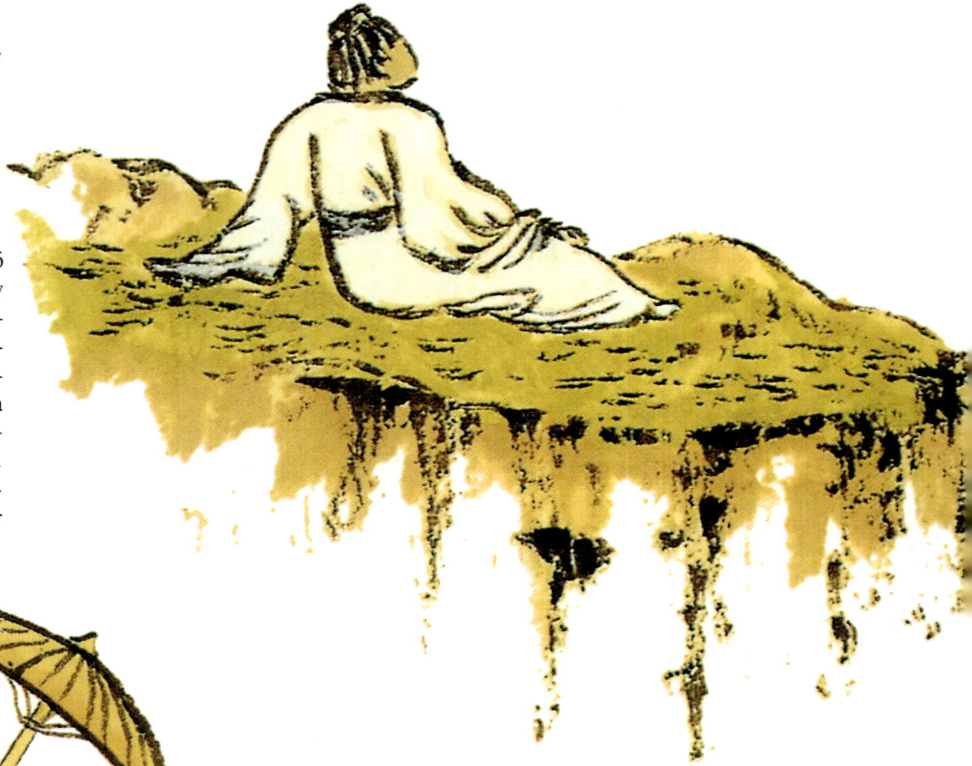

lo que intervino para restaurar el orden. Tomó del lecho del río algunos cantos de colores y los fundió, dando lugar a una sustancia viscosa con la que reparó la grieta del firmamento. Para asegurarse de que el cielo no volvería a derrumbarse, Nugua mató a una tortuga gigante y le cortó las patas, que después colocó en los cuatro puntos cardinales. Después Nugua restableció el orden en la Tierra y dejó que los hombres pudieran seguir viviendo su vida en paz. Sin embargo, la colisión de Gonggong contra la montaña había hecho que el cielo se inclinara ligeramente en dirección noroeste, dejando un vacío en el sudeste. Ésta es la razón por la que todos los grandes ríos de China fluyen hacia el este, vaciando sus aguas en el inmenso océano.

Hay numerosos mitos populares relativos a los cielos. Estas historias reflejan la ancestral curiosidad china por la astronomía y el movimiento de los planetas.

LOS AMANTES SEPARADOS

Esta leyenda se desarrolla en torno a un boyero y una tejedora, los cuales representan respectivamente a las estrellas Altair y Vega, situadas a ambos lados de la Vía Láctea. La historia tiene un significado especial para los amantes que se encuentran separados; en realidad, marido y mujer a los que el trabajo obliga a vivir en partes diferentes del país.

Cuenta la historia que un joven campesino pobre malvivía cultivando su árido trozo de tierra con ayuda de su más preciada posesión, un buey. Era honrado y trabajador, y todos los que le conocían le respetaban. Pero el joven sentía que su vida estaba vacía sin

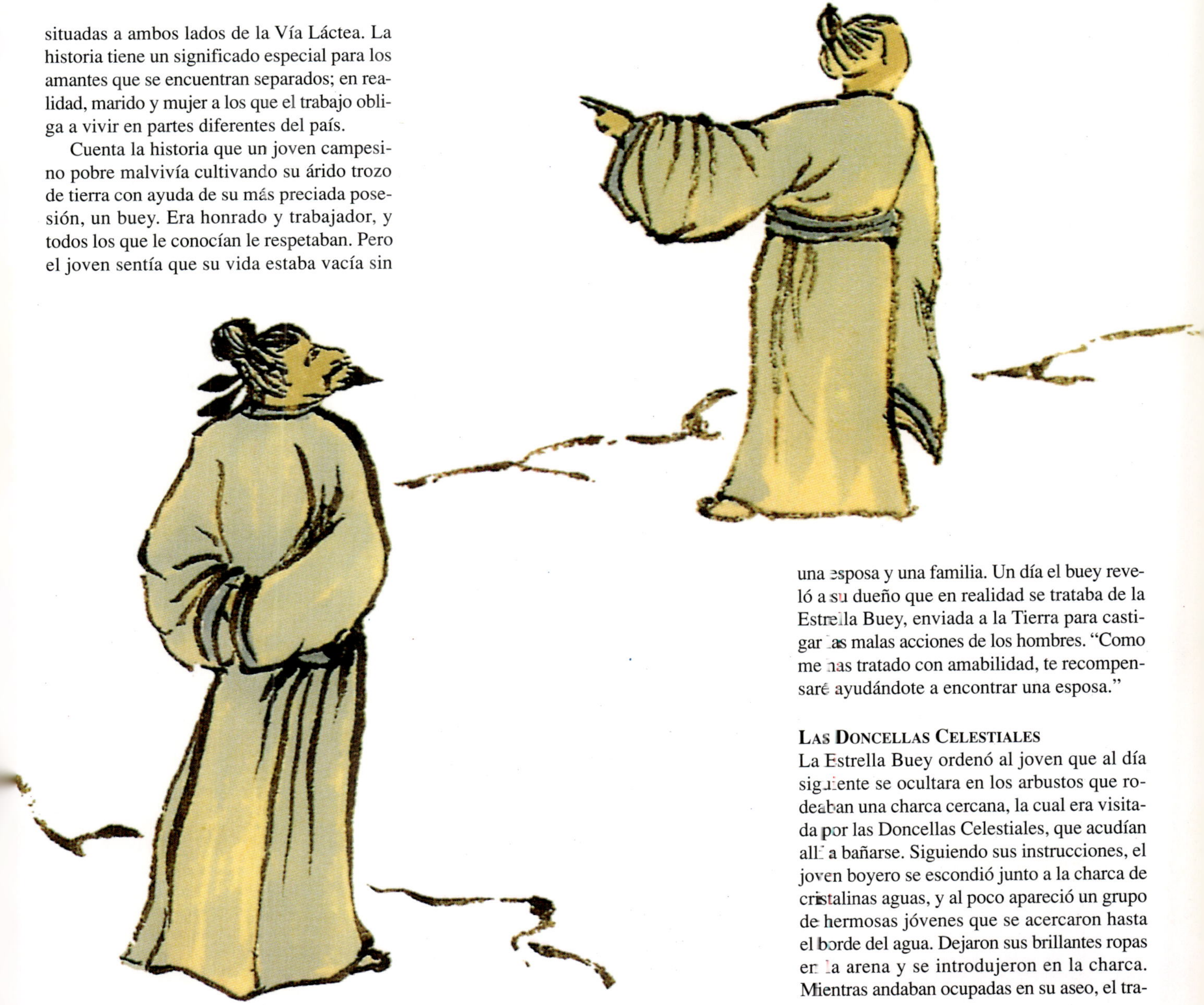

una esposa y una familia. Un día el buey reveló a su dueño que en realidad se trataba de la Estrella Buey, enviada a la Tierra para castigar las malas acciones de los hombres. "Como me has tratado con amabilidad, te recompensaré ayudándote a encontrar una esposa."

LAS DONCELLAS CELESTIALES

La Estrella Buey ordenó al joven que al día siguiente se ocultara en los arbustos que rodeaban una charca cercana, la cual era visitada por las Doncellas Celestiales, que acudían allí a bañarse. Siguiendo sus instrucciones, el joven boyero se escondió junto a la charca de cristalinas aguas, y al poco apareció un grupo de hermosas jóvenes que se acercaron hasta el borde del agua. Dejaron sus brillantes ropas en la arena y se introdujeron en la charca. Mientras andaban ocupadas en su aseo, el tra-

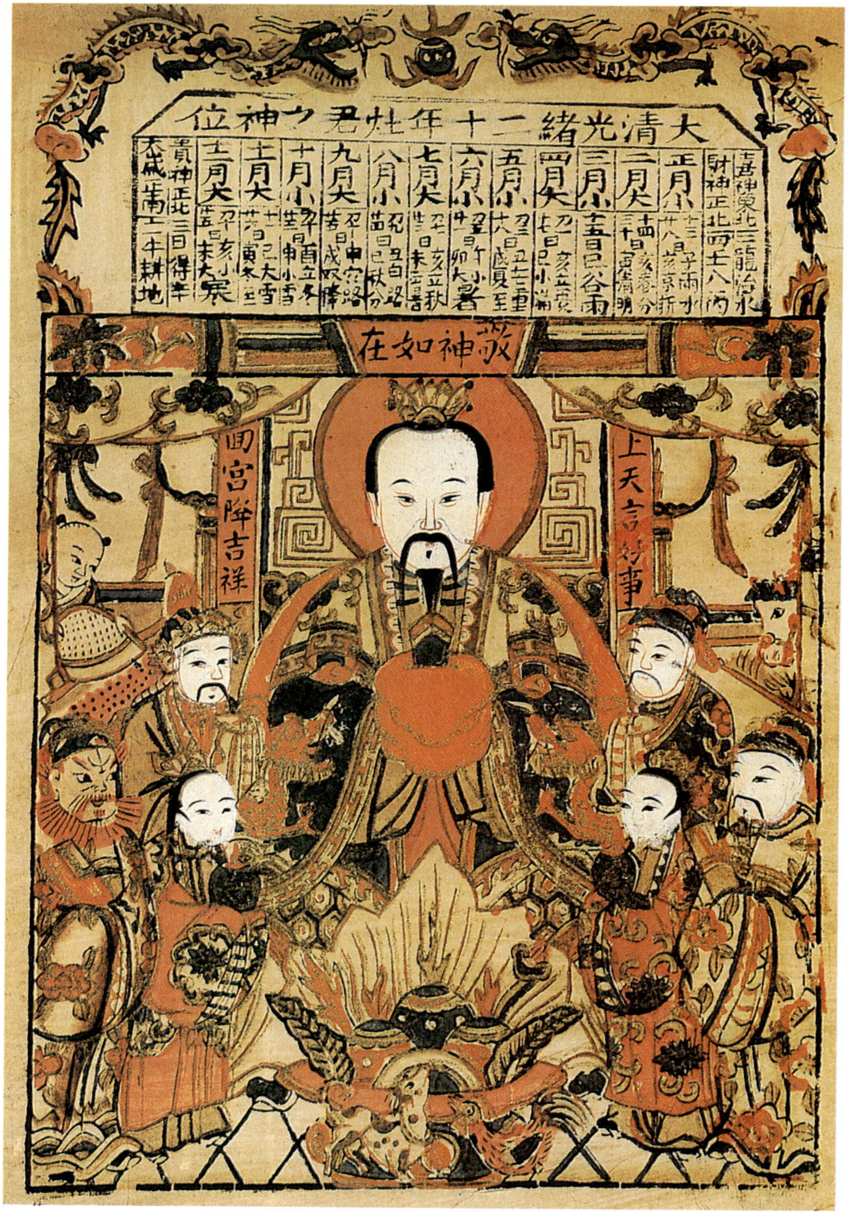

vieso boyero escondió el montón de ropa que se encontraba más cerca de él.

Cuando las doncellas salieron del agua, el boyero hizo su aparición, provocando el pánico entre las jóvenes, que rápidamente cogieron sus vestidos y huyeron volando. Pero una de ellas no fue capaz de encontrar sus ropas y quedó paralizada en la tierra, aterrada. Cuando el boyero se acercó y le habló con gran suavidad, la joven comprendió que no tenía nada que temer, y accedió a ser su esposa. Tras el matrimonio, reveló al joven que era nieta del cielo y la diosa de la tejeduría. Gracias a la habilidad de su esposa, el joven boyero conoció la prosperidad y ambos vivieron felices, y su felicidad se vio acrecentada el día en que engendraron dos hijos, un niño y una niña.

EL ENFADO DE LOS DIOSES

Pero a los dioses no agradaba que una de las doncellas tejedoras permaneciera en la Tierra, por lo que enviaron mensajeros para que la trajeran de vuelta a su lugar natural. El boyero y sus hijos contemplaron impotentes cómo los enviados de los dioses se la llevaban, llorando, de vuelta al cielo. Pero, una vez más, el buey acudió en auxilio del joven: "Pronto he de morir, y cuando lo haga debes arrancarme la piel y envolverte en ella; de esta forma podrás ir en busca de tu esposa." Llegado el momento, el boyero siguió su consejo y, colocando a sus hijos en dos cestas suspendidas de una pértiga, los puso sobre sus hombros y emprendió el camino.

LOS DIOSES SE APLACAN

Pronto el boyero vio a su esposa, pero antes de poder alcanzarla, fue descubierto por el

Izquierda: Grabado del Año Nuevo realizado en el siglo XVII y que representa al dios de la cocina, Tsao Chun. En todos los hogares había un pequeño altar dedicado a esta importante deidad; se decía que volvía cada año al cielo para informar de los asuntos de los hombres.

abuelo de ésta —otros dicen que fue la abuela, Xiwangmu, la Reina Madre del Oeste—. El dios trazó una línea en el firmamento, que al instante se convirtió en un torrente, y así quedó el joven separado de su amada. La niña sugirió a su padre que usara el cucharón que había en la cesta para vaciar el agua del río. La escena de la devota familia afanándose en tarea tan estéril ablandó el corazón de los dioses, que decidieron permitir que la familia se reuniera una vez al año. El séptimo día del séptimo mes, todas las urracas alzan el vuelo desde la Tierra y forman un puente sobre el río celestial para que el boyero pueda visitar a su esposa. Las gotas que caen del cielo en este señalado día son, dicen, las lágrimas de alegría de la tejedora.

LA FESTIVIDAD DE LAS TEJEDORAS

En esta fecha se celebra una fiesta en la que las jóvenes piden a la diosa de la tejeduría que les conceda la habilidad de tejer y bordar. Se dice que en tiempos de la dinastía Tang, con el emperador Xuan Zong, las damas solían encerrar una araña dentro de una caja durante toda la noche, y si encontraban a la mañana siguiente una telaraña, esto se consideraba como una prueba de la habilidad tejedora de la mujer.

EL HÉROE YI

El tema de esta leyenda es similar al del cuento europeo de Guillermo Tell. Yi era un magistral arquero, conocido como "el excelso arquero". En tiempos del rey Yao, aparecieron un día diez soles en lo alto del cielo, cuyo calor empezó a abrasar la Tierra, secar los ríos y destruir las cosechas y plantas. La gente moría por falta de alimentos, y los centauros,

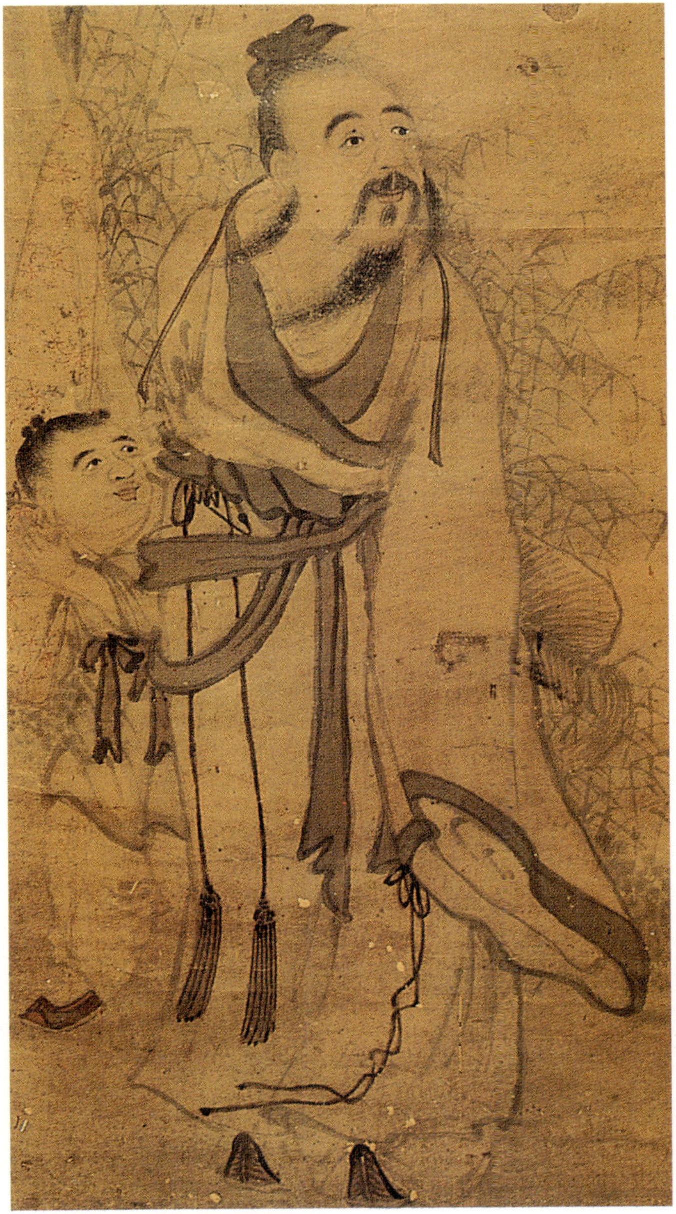

Derecha: Parte de una pintura en pergamino, obra de Zhu Zhen; en ella se muestra a un erudito acompañado por su sirviente.

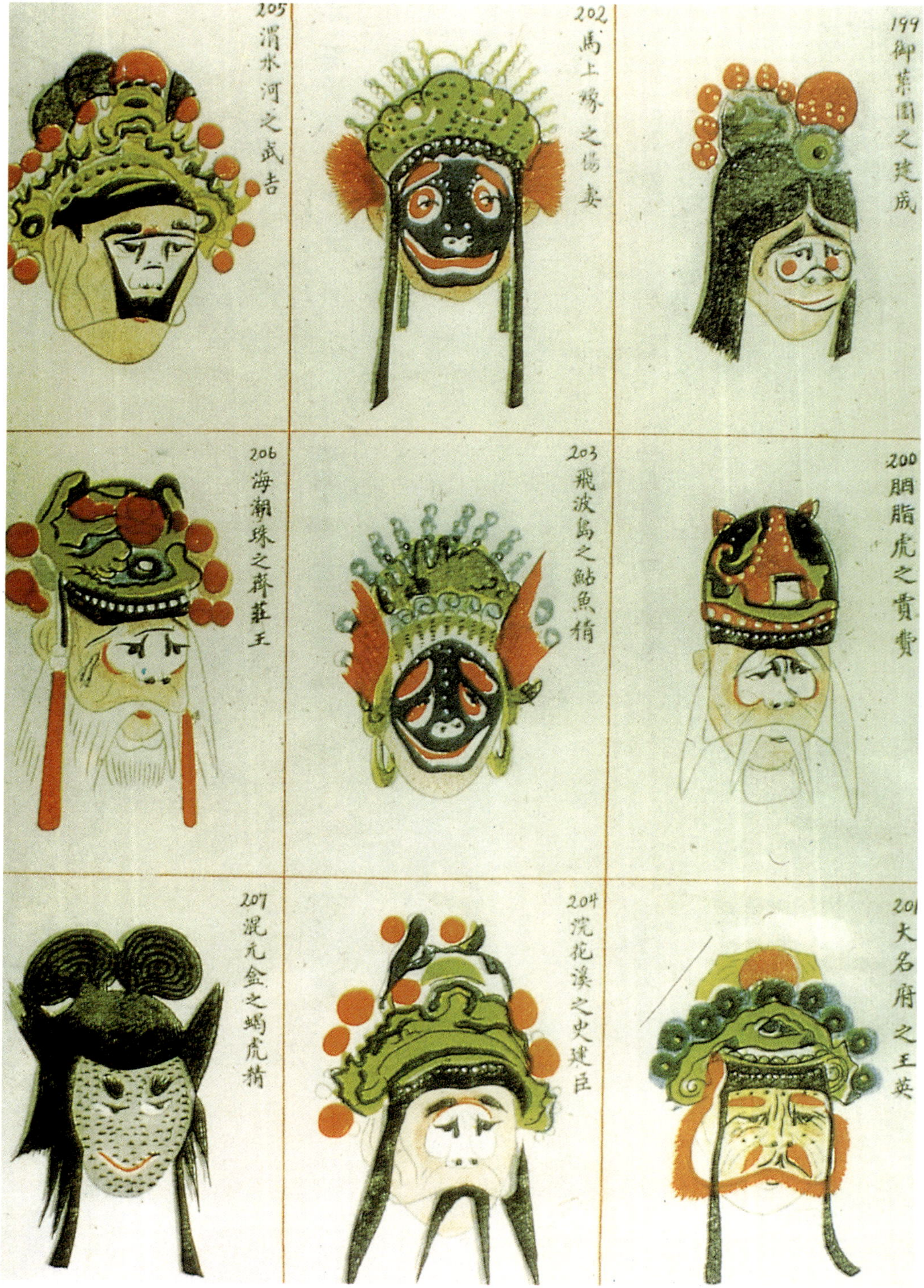
199 御菓園之建成
200 胭脂虎之賈貴
201 大名府之王英
202 馬上緣之楊妾
203 飛波島之鮎魚精
204 浣花溪之史建臣
205 渭水河之武吉
206 海潮珠之齊莊王
207 混元盒之蝎虎精

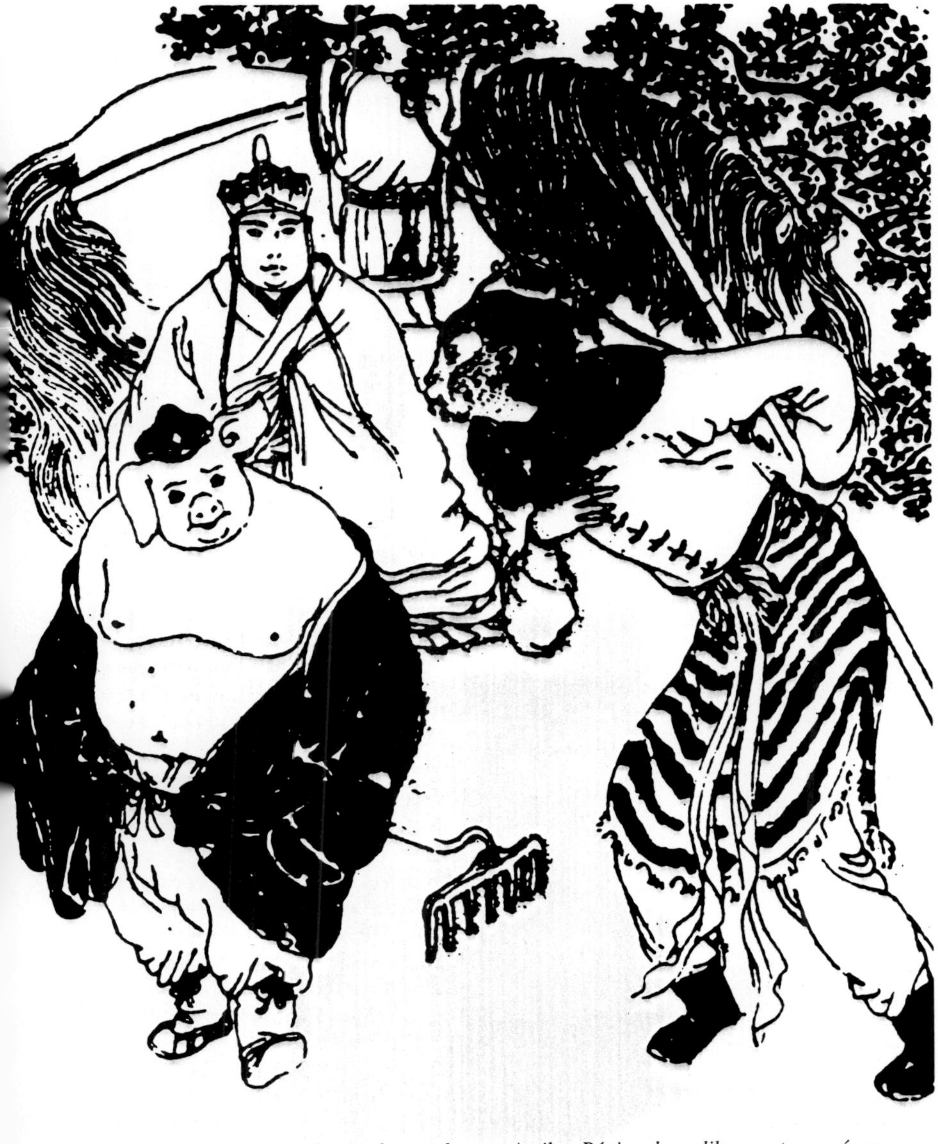

Izquierda: Modelos tradicionales usados en el teatro chino para realizar los maquillajes; cada uno muestra un tipo distinto de personaje.

Arriba: Página de un libro contemporáneo donde aparece representada la leyenda popular del mono inmortal.

jabalíes, serpientes gigantescas y otros monstruos comenzaron a vagar por el mundo.

El héroe Yi se presentó y con nueve disparos hizo desaparecer del cielo nueve de los diez soles, restaurando el orden, la fertilidad y armonía del universo.

Este mito refleja el interés de la cultura china por el conocimiento del espacio y la astronomía. En el año 200 d.C. la Hsuan Yeh, o "escuela del infinito espacio vacío", argumentaba que "los cielos están vacíos y carentes de toda sustancia.. El Sol, la Luna y las estrellas que los acompañan flotan en un espacio vacío, bien moviéndose, bien permaneciendo quietas. Y todas ellas no son más que vapor condensado."

La observación de la dinámica celeste era un tema de gran seriedad y secretismo; existen textos que hablan de manchas solares escritos en el año 28 d.C. Los emperadores alentaban esta clase de estudios, y reunían en sus cortes astrónomos y adivinos, ingenieros y astrólogos, tratando de sacar provecho de la capacidad adivinatoria de los planetas.

LOS DRAGONES

Los dragones que pueblan el folclore chino nada tienen que ver con las malvadas bestias con aliento de fuego de los mitos europeos. El dragón chino, o *lung*, es una criatura carismática, responsable de la llegada de la lluvia, señor de todas las aguas y considerado hoy como un símbolo de la buena fortuna. En las celebraciones del Año Nuevo tienen un papel destacado estas grandes criaturas en forma de serpiente.

Se han encontrado primitivas inscripciones donde se implora a los *lung* para que revivan la tierra con su lluvia. Los *lung* eran considerados como seres poderosos y sobrenaturales, capaces de cambiar de forma y tamaño, adoptando el aspecto de un gusano de seda o la apariencia de una criatura colosal que oscurece con su sombra el mundo entero. Tienen cuernos de ciervo, cabeza de camello, ojos de demonio, cuello de serpiente, escamas de pez, garras de

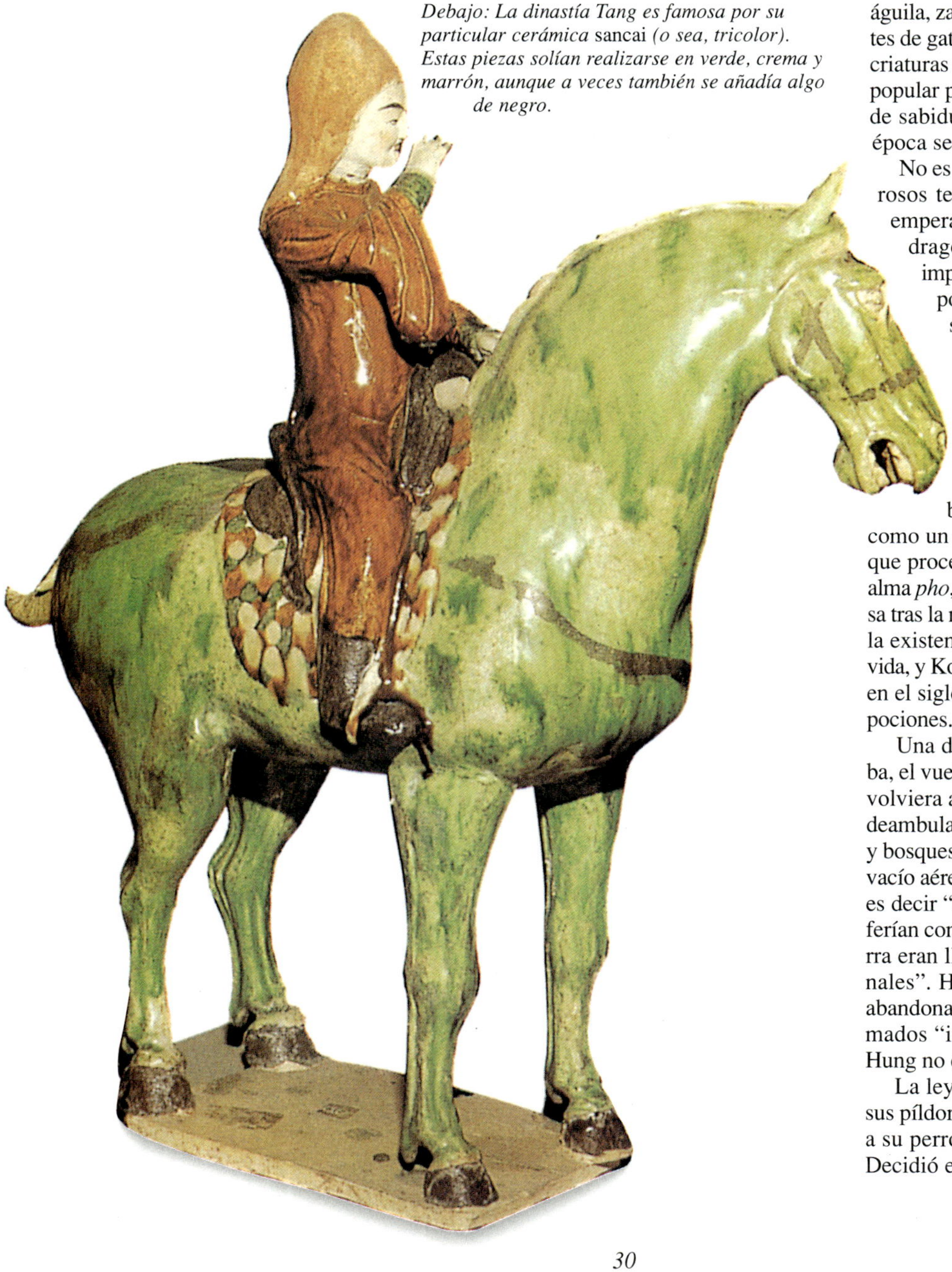

Debajo: La dinastía Tang es famosa por su particular cerámica sancai *(o sea, tricolor). Estas piezas solían realizarse en verde, crema y marrón, aunque a veces también se añadía algo de negro.*

águila, zarpas de tigre, orejas de búfalo y bigotes de gato. Desde antiguo se consideró a estas criaturas como animales sabios, y la creencia popular ponía en boca de cada uno una "perla de sabiduría". Los sabios y estudiosos de la época se conocían como "hombres dragón".

No es sorprendente que animales tan poderosos terminaran asociados a la figura del emperador chino: durante muchos años, el dragón de cinco garras fue el símbolo imperial. El dragón celestial representa el poder de los cielos y la fuerza yang en su máxima expresión de poder.

LA INMORTALIDAD

A pesar de su insistencia en el respeto y la admiración por el trabajo, el pensamiento chino carece de una distinción clara entre las ideas del bien y el mal. Se considera al hombre como un cuerpo con dos almas: el alma *hun*, que procede del cielo y debe volver a él, y el alma *pho*, que viene de la Tierra, a la que regresa tras la muerte. Los antiguos chinos creían en la existencia de elixires capaces de alargar la vida, y Ko Hung, alquimista y escritor que vivió en el siglo III, escribía acerca de dos de estas pociones.

Una de ellas impedía, o al menos retrasaba, el vuelo del *hun*; la otra evitaba que el *pho* volviera a la Tierra, lo que permitía al cuerpo deambular por los cielos, o entre las montañas y bosques. Aquellos que "se elevaban hacia el vacío aéreo" recibían el nombre de *t'ien hsien*, es decir "inmortales celestiales"; los que preferían continuar con sus actividades en la Tierra eran llamados *ti hsien*, "inmortales terrenales". Había aún un tercer grupo capaz de abandonar sus cuerpos tras la muerte, los llamados "inmortales sin cuerpo", aunque Ko Hung no especifica el lugar en que vivían.

La leyenda cuenta que Ko Hung preparó sus píldoras de inmortalidad y administró una a su perro, el cual murió casi de inmediato. Decidió entonces probar en sí mismo la por-

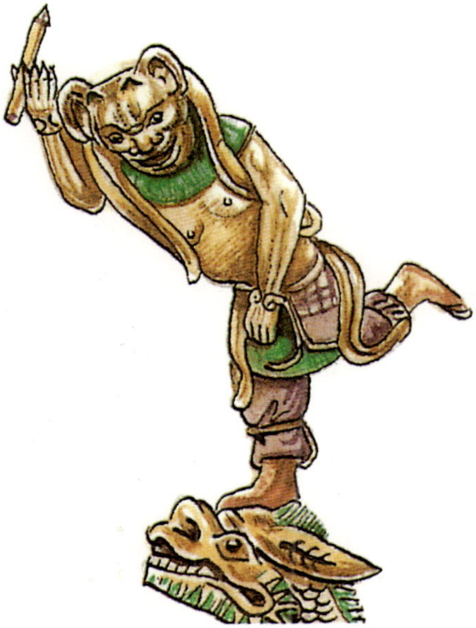

Izquierda: K'uei-hsing, el reverenciado dios de los exámenes, de pie sobre la cabeza de una tortuga en esta reproducción de una estatuilla china del siglo XVII. Lleva un pincel con el que anotará en su lista a los candidatos que superen las pruebas.

Debajo: El emperador K'hang-hsi (1662-1722), uno de los primeros emperadores de origen manchú. Su atuendo imperial está cubierto de dragones, antiguo símbolo de poder y autoridad.

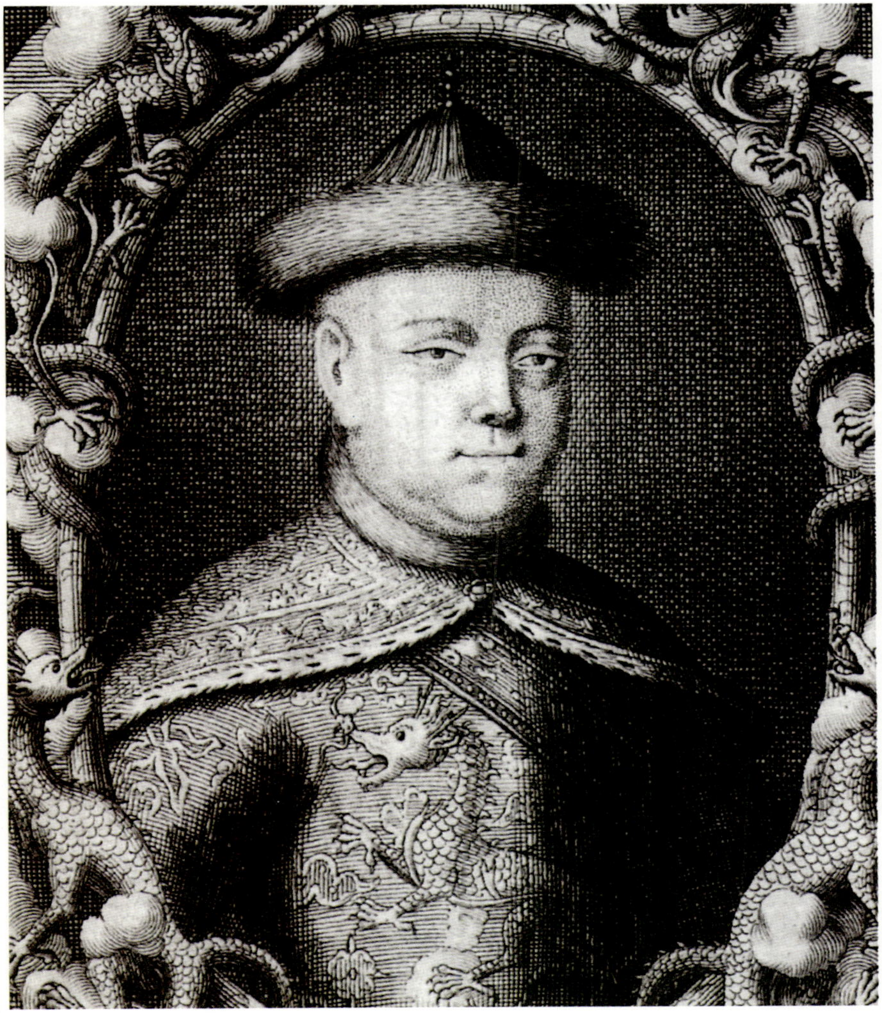

tentosa receta, con idéntico resultado. Lo más curioso es que mientras se celebraban los funerales por el difunto alquimista, éste y su perro resucitaron milagrosamente. Se dice que Chang Tao-ling, el primer "maestro celestial" de la escuela taoísta, vivió ciento veintidós años, gracias a que había consumido el maravilloso elixir.

En la creencia taoísta, el *hsien* deambula por el universo, y sus acciones y milagros han dado vida a una rica literatura mitológica. La trinidad taoísta se llama *San Ch'ing*, o "Tres Seres Puros", y los tres son *t'ien shien*.

El primero de ellos es Yuan-shih, hijo del creador Pangu y T'ai-yuan, la mujer sagrada. Al nacer ya era capaz de andar y hablar, y estaba rodeado por una nube de cinco colores.

El segundo inmortal estaba asociado a Wu-wang, miembro de la nobleza que derrotó al tirano Chou Hsin, el último rey Sahng, en el año 1027 a.C. En su aspecto de Ta-chun, es el encargado de velar por el gobierno justo. El tercer miembro de la tríada es, en una de sus reencarnaciones, el filósofo taoísta Lao Tsé.

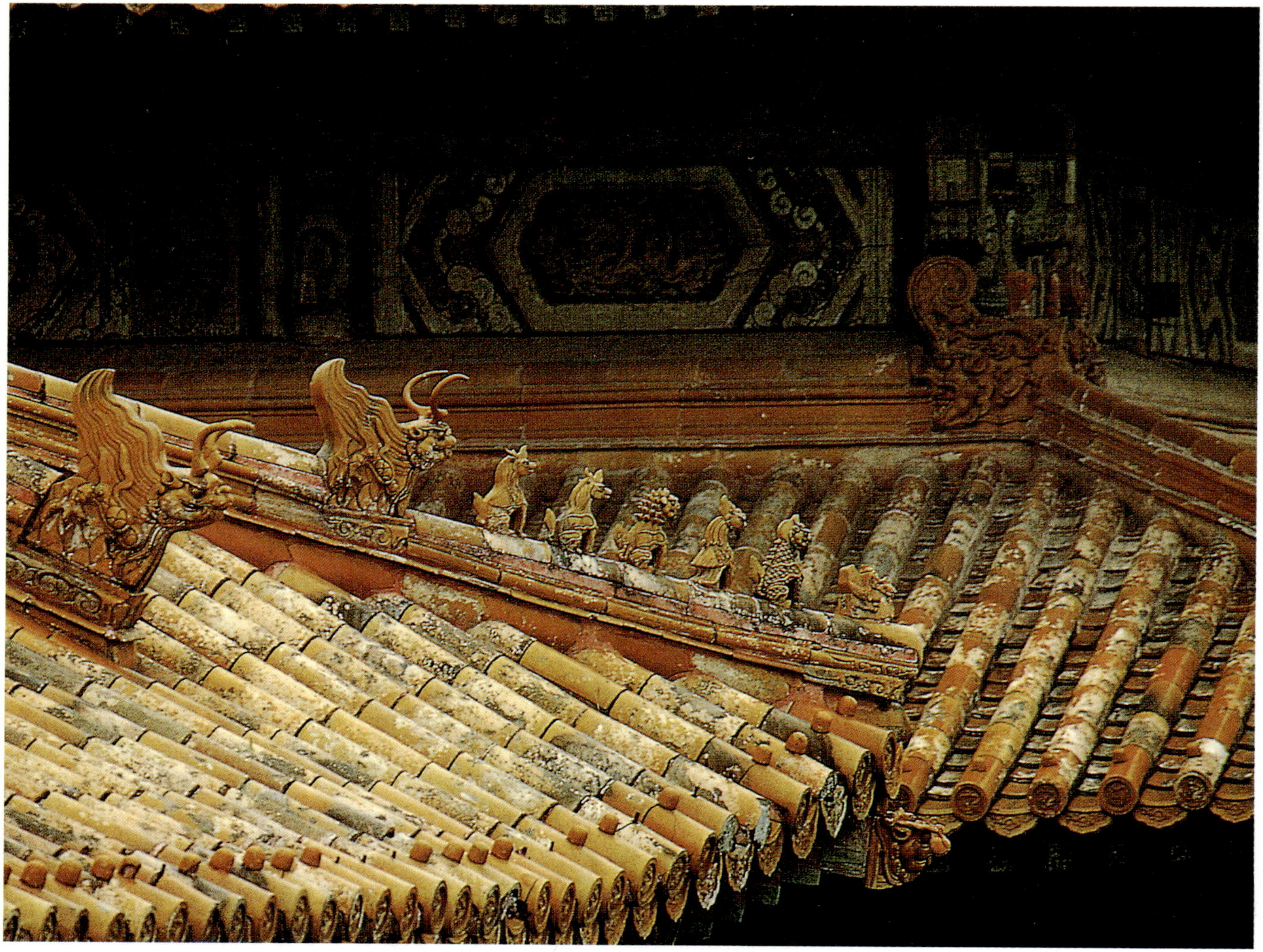

Arriba: Bestias mitológicas sobre los aleros de estos tejados en la Ciudad Prohibida de Pekín. El cometido de tan feroces criaturas era ahuyentar a los fantasmas y espíritus.

Para convertirse en *hsien* era preciso haber tenido una compleja ceremonia funeraria, así como determinados rituales encaminados a conservar incorrupto el cuerpo del difunto. Los más ricos utilizaban gran cantidad de jade en sus ritos funerarios. Los que no podían permitirse la prolongación de su vida, tenían que conformarse con implorar a los dioses para que les protegiesen.

DIOSES
Y DIOSAS

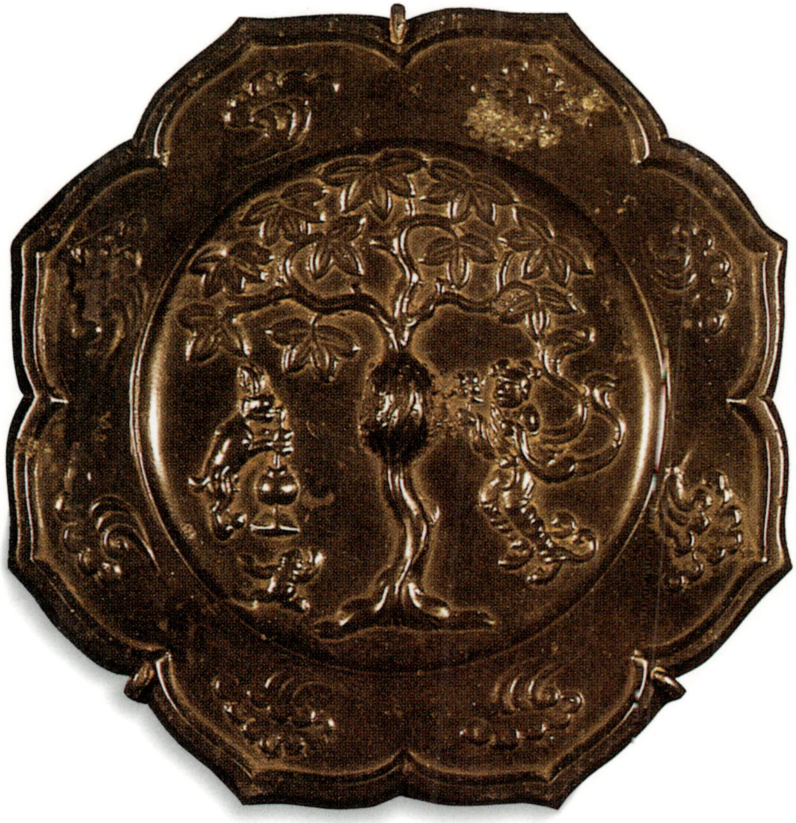

Página anterior: Espejo de bronce de la dinastía Tang, en el que se representa a Chang E bajo una casia.

Hay un gran número de dioses y diosas en el panteón chino, el cual funciona como una gigantesca burocracia administrativa, reflejo de la nación china. Sometidos a un ser supremo, el comportamiento de los dioses se analiza anualmente en un sistema de evaluación divina. Los dioses más viejos desaparecen para dejar lugar a las jóvenes divinidades, algunas de las cuales empezaron su vida como seres mortales. Es interesante el hecho de que prácticamente todos los dioses chinos son antropomórficos. Las deidades locales menores, que reciben colectivamente el nombre de "dioses de los muros y las zanjas', también son reverenciadas, y cada región cuenta con los suyos propios, de forma que varios de ellos pueden desempeñar la misma función en diferentes partes del país. La versión china del infierno apareció con la entrada del budismo, y es increíblemente compleja. En él existen dieciocho diferentes infiernos unidos a diez tribunales, y todo ello bajo la jurisdicción de Yen Wang, el dios de la muerte.

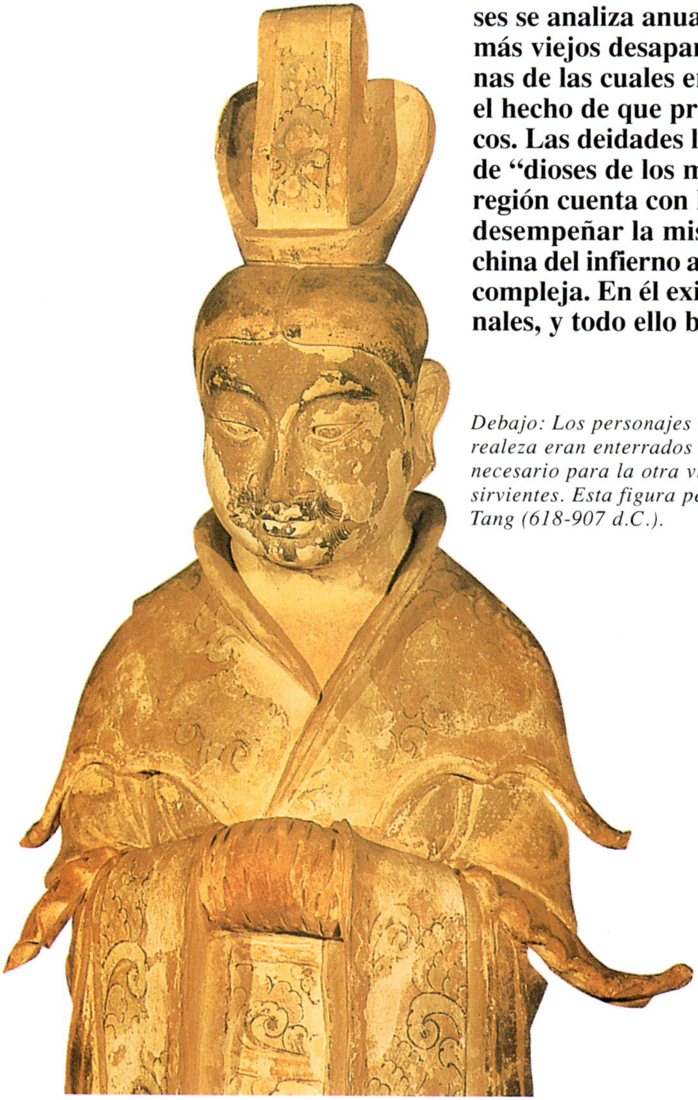

Debajo: Los personajes de la nobleza y la realeza eran enterrados con todo lo necesario para la otra vida, incluyendo sirvientes. Esta figura pertenece a la dinastía Tang (618-907 d.C.).

Pangu fue el creador del universo y Nugua dio el ser a los primeros hombres a partir de un puñado de barro. La diosa se tomó un interés especial en sus creaciones mortales y las salvó cuando tuvo lugar el gran diluvio. Su esposo (y también hermano, según las versiones) era Fuxi. Ambos suelen representarse con cola de serpiente. Zhurong, el dios del fuego, apareció en la Tierra después de ellos, junto con Gonggong, el dios del agua, y, como era de suponer, pronto estalló la guerra entre ambos. Leikung era el espantosamente feo dios del trueno. De color azul y dotado de alas y garras, castigaba a los pecadores que habían cometido crímenes más allá de la jurisdicción humana, como causar la muerte de manera indirecta.

La burocracia celestial

El pueblo chino creía que existía una fluida comunicación entre el cielo y la Tierra. En realidad, concebían aquél como un reflejo de la organización social de esta última: el emperador, cabeza de la gigantesca burocracia, tenía su contrapartida celestial en la figura de Shangdi. Igual que en la Tierra, Sahngdi era atendido por numerosos funcionarios y oficiales. El señor supremo, al que también se llamaba Tiandi, o sea, "cielo", es en la versión taoísta el Emperador de Jade. El Emperador de Jade tenía hijas, pero no hijos varones, por si alguno de sus descendientes trataba de deponerle. La Reina Madre del Oeste, Xiwangmu, era la esposa del Emperador de Jade y encargada de asegurar la eterna existencia de los dioses, alimentándolos con los melocotones de la inmortalidad, exóticas frutas que maduran cada seis mil años.

El gran emperador y el pico del Este

El Ministerio de las Cinco Montañas Sagradas *(Wu Yo)* era dirigido por el reverenciado dios T'ai Shan. Nieto del Emperador de Jade, a este dios se le conoce como "Divino Gran Señor del Pico del Este", y era el delegado del Emperador de Jade.

Como Señor de los Manantiales Amarillos, era el encargado de todos los asuntos relativos a la vida y la muerte sobre la Tierra, y controlaba setenta y cinco departamentos, a la cabeza de los cuales había una deidad menor responsable de asuntos como fijar el momento del nacimiento y la muerte, o determinar la duración de la vida de los humanos y los animales. Todo este sistema estaba en consonancia con la idea budista de la reencarnación, según la cual el alma puede renacer muchas veces en formas más o menos dignas, tanto humanas como animales, dependiendo de la conducta que haya observado en su vida anterior.

La hija de T'ai Shan, Shengmu, la Princesa de las Nubes, es la protectora de las mujeres y los niños, y está presente en el momento del nacimiento. Esta deidad era muy popular entre las mujeres que deseaban tener un hijo varón.

T'ai Shan (que literalmente significa "gran montaña") es la divinidad más querida de las cinco montañas sagradas. El emperador le ofrecía sacrificios todas las primaveras y se convirtió en un importante centro de peregrinaje.

Los ministerios celestiales

Cada dios estaba a cargo de un departamento específico, y de él respondía ante el Emperador de Jade.

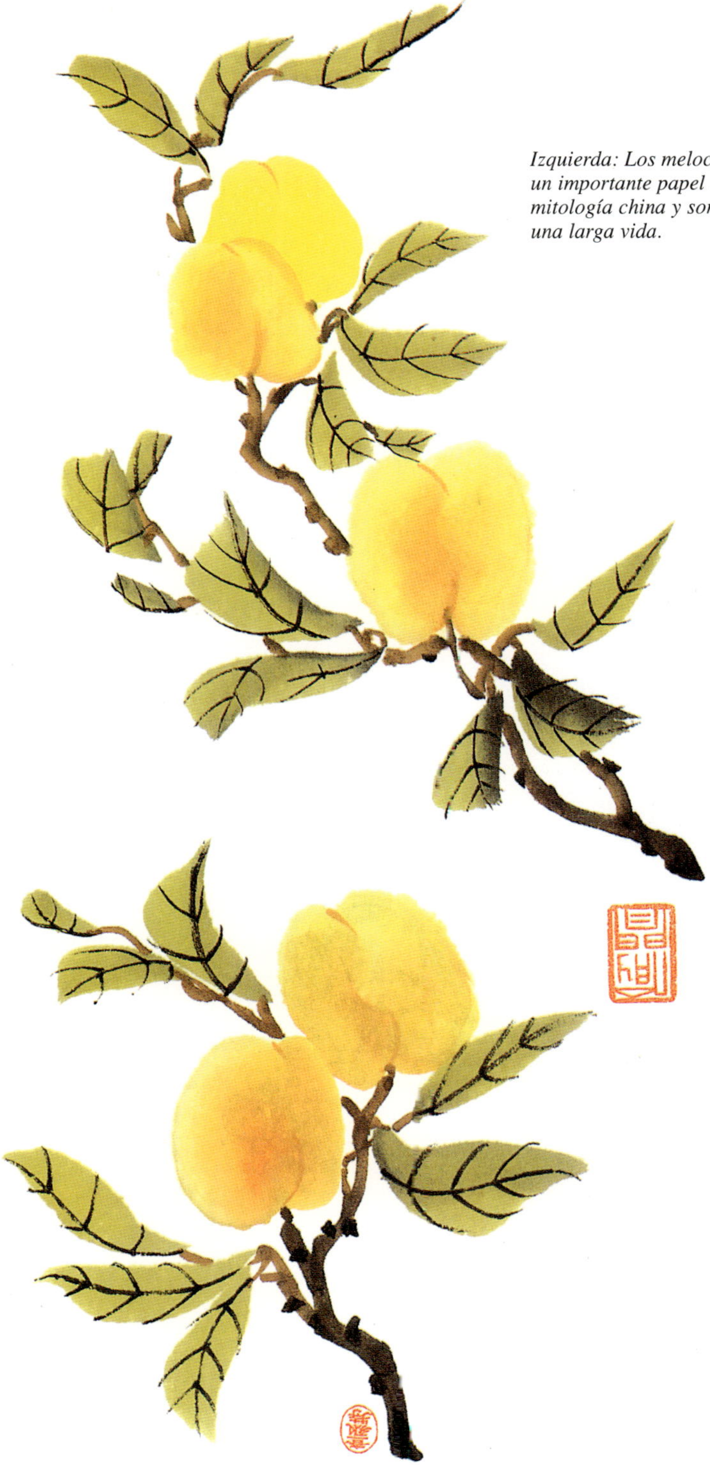

Izquierda: Los melocotones tienen un importante papel en la mitología china y son símbolo de una larga vida.

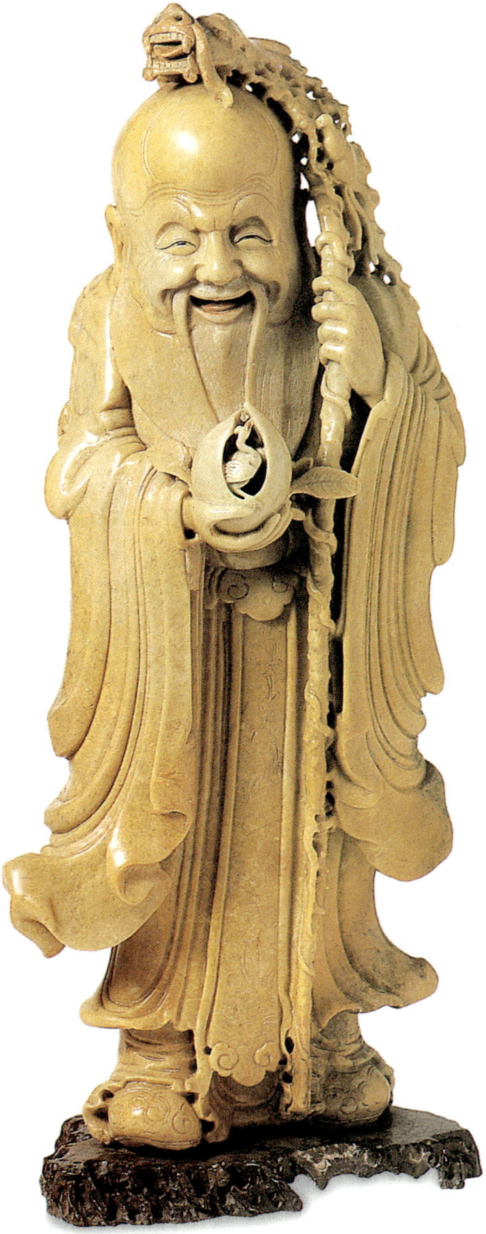

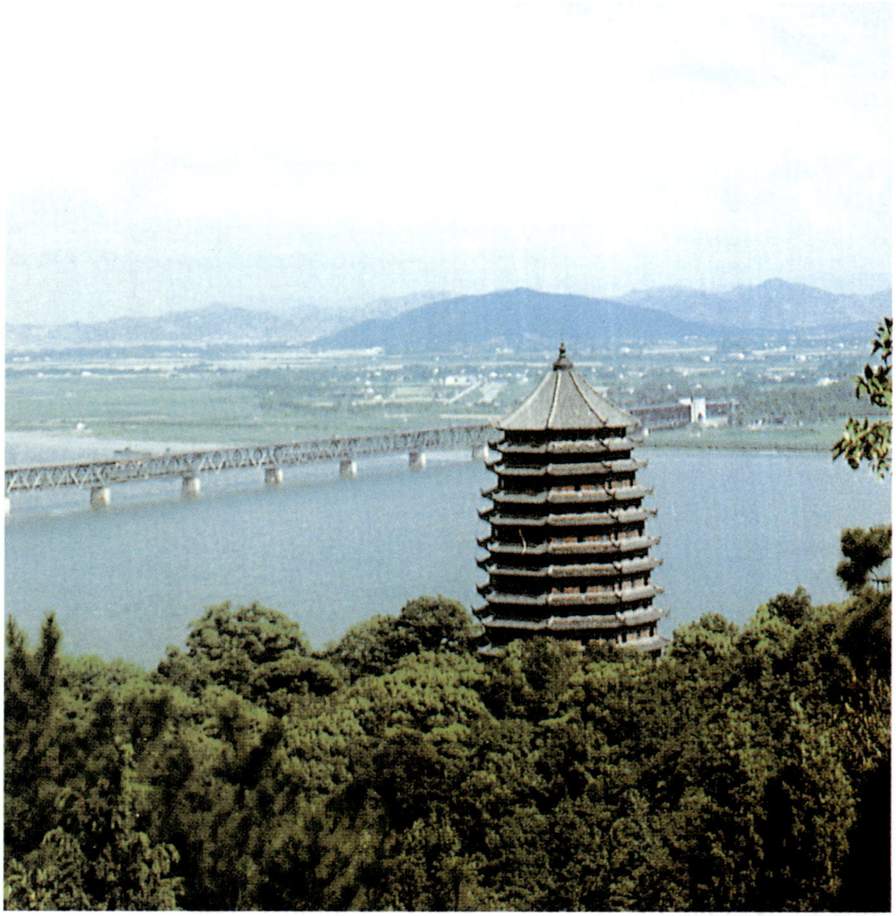

Arriba: La pagoda de las Seis Armonías, en Hangzhou. La creencia popular dice que estos edificios dan buena suerte.

Izquierda: Talla del siglo XVIII realizada en esteatita: se trata del dios estrella de la longevidad, Shoulao, fácil de reconocer por su cabeza calva y su báculo. En la mano derecha sostiene un melocotón dentro del cual hay una grulla, símbolos ambos de una larga vida.

El más importante era el Ministerio del Trueno (*Lei Pu*) y el Ministerio Celestial de las Curaciones (*Tien I Yuan*), que eran regidos por los tres primeros Emperadores Sabios de China: Fu Hsi, Shen Nung y Huang To.

El Ministerio del Fuego (*Huo Pu*) era controlado por el antiguo sabio taoísta y gobernador astral de Marte, Lo Hsuna. Otro antiguo taoísta, Lu Yo, estaba a la cabeza del Ministerio de las Epidemias.

Otros dioses principales son: el de las murallas, Ch'eng Huang, que vigilaba las ciudades y cuyas obligaciones poco diferían de las de un magistrado divinizado. Wen Chang, el dios de la literatura, dirigía un ministerio que incluía, entre otros, al feo dios de los exámenes. Este último es bastante más popular que su jefe, ya que a él le corresponde decidir quién es el primero en cada prueba.

Unos de los dioses más populares actualmente son Shou Hsing, el de la longevidad, Fu Shen, el dios de la felicidad, y Ts'ai Shen, el de la riqueza. Éste dirige un enorme departamento en el que trabajan dioses menores, como el Inmortal de los Beneficios Comerciales.

Las actividades de los dioses

Muchas de las deidades viven en la Tierra y regresan al cielo una vez al año para mantener informado al Emperador de Jade de los asuntos humanos. La superstición popular asegura que muchos objetos de uso cotidiano poseen también su propio espíritu guardián, y que por tanto requieren, como los anteriores, sacrificios y ofrendas. Aunque las clases educadas no toman muy en serio tales prácticas supersticiosas, las amas de casa de la mayoría de los hogares tienen cuidado de no cometer actos que puedan provocar el enfado de estos dioses, no vaya a ser que después presenten de ellas un mal informe.

El dios del hogar

De entre las deidades mencionadas más arriba, una de las más importantes es el dios del hogar (o la cocina), Tsao-wang, que ve y oye todo lo que ocurre en el seno familiar. Su

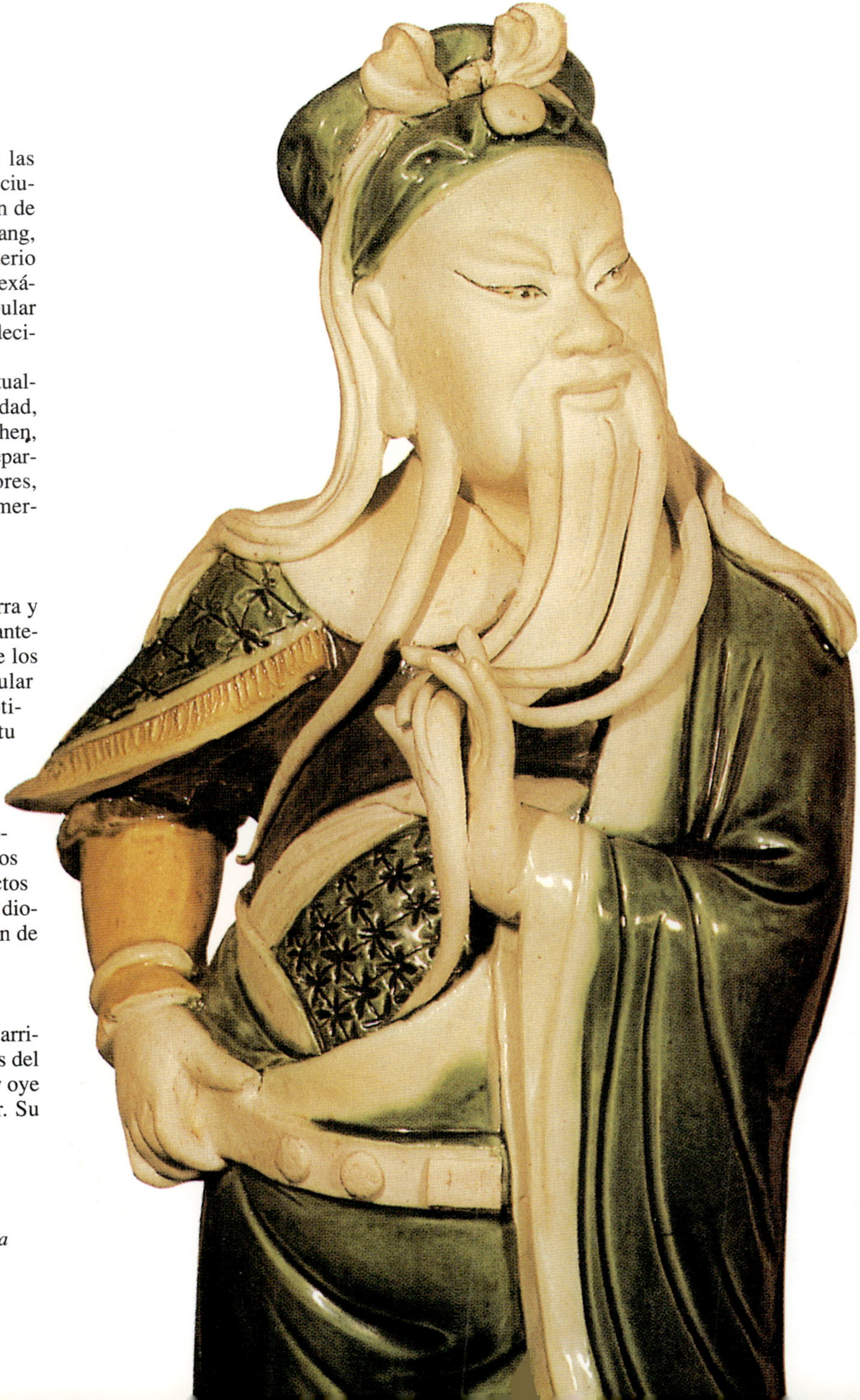

Derecha: Guandi, el dios de la guerra, que también personifica la justicia. Las partes envueltas en un asunto legal acostumbran a presentar su caso en los templos dedicados a esta divinidad.

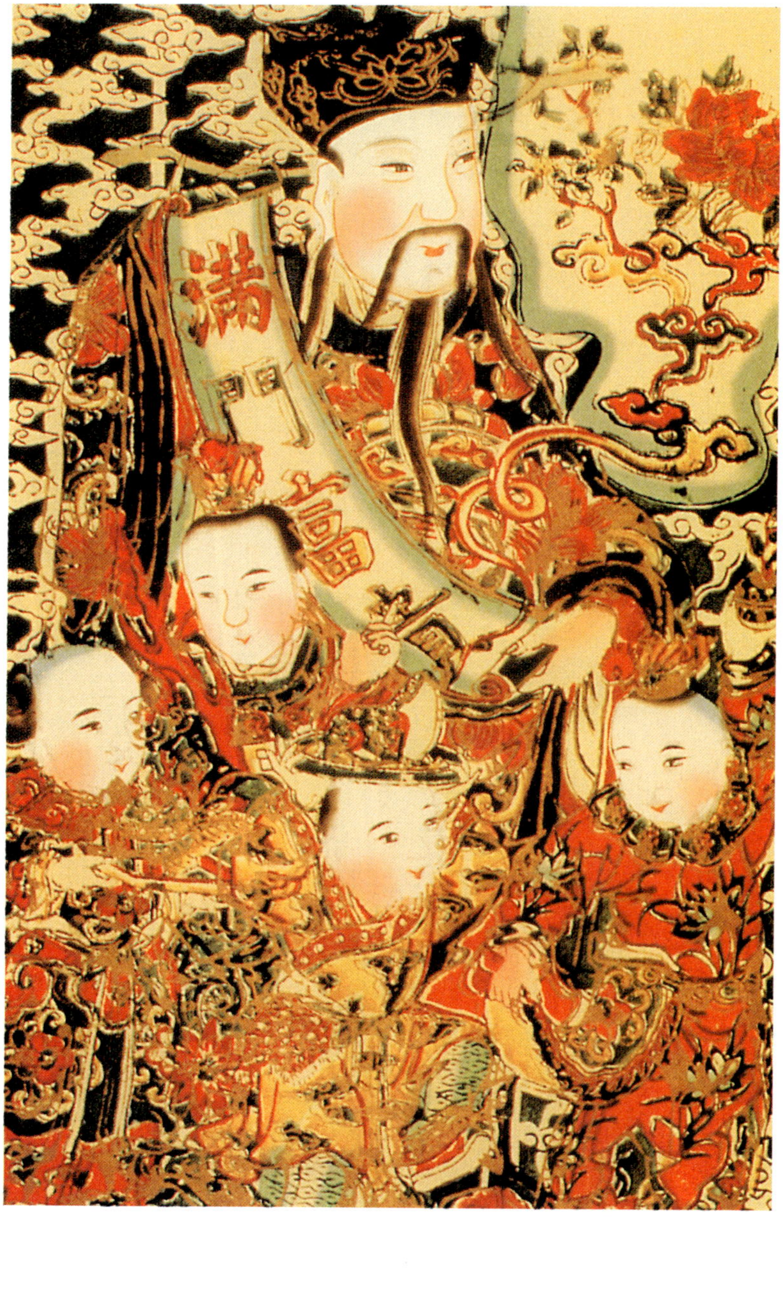

informe anual ante el Emperador de Jade determina la cantidad de buena o mala suerte que la familia disfrutará en el año venidero. Suele tenerse una estatua o imagen de este dios colocada en un nicho justo encima del hogar, y desde allí, y durante todo el año, Tsao-wang vigilará todos los acontecimientos de la casa. El día de Año Nuevo, para asegurarse de que estaba de buen humor antes de emprender su viaje al cielo, se le ofrecía una buena comida y se untaban sus labios con miel para que sólo pudiera decir palabras dulces. Y después, al tiempo que sonaban los cohetes, la imagen manchada de hollín era quemada antes de iniciar su viaje.

Como muchos otros dioses chinos, se creía que el del hogar había sido primero un ser humano. Cuenta una historia que este dios era un pobre albañil que vivía en una situación tan precaria que apenas podía mantener a su mujer. Obligado a ofrecerla en matrimonio a otro hombre, tuvo que vagar por el campo y vivir de la mendicidad. El azar le llevó un día hasta la casa de la que fuera su esposa. Abrumado por la vergüenza, trató de escapar metiéndose en el hogar de la cocina, sin darse cuenta de que estaba encendido. Tras su dolorosa muerte, se convirtió en un dios.

DIOSES LEGENDARIOS

Muchos de los dioses populares chinos eran personajes históricos con alguna cualidad sobresaliente y que tras su muerte fueron deificados. Uno de ellos era Guandi, el dios de la guerra, a cuyo culto hay tantos templos dedicados. Guan Zhong, como era conocido en vida, perteneció a una banda formada por tres bandoleros que vivieron a finales de la última dinastía Han, época de gran agitación social en

Izquierda: Grabado de la dinastía Qing que representa al dios de las puertas rodeado por el de la riqueza y algunos acólitos.

China. La historia de su vida se cuenta en el "Romance de los tres reinos", escrito a comienzos de la dinastía Ming, aunque el autor dice haber sido contemporáneo de Guan Zhong, y ha servido de inspiración a muchas novelas y obras de teatro. Guan Zhong se hizo conocido por sus proezas militares, y con el tiempo llegó a ser muy querido y admirado por su coraje y lealtad. Es fácil reconocer a Guandi, pues siempre se le representa con la cara roja.

LAS DEIDADES BUDISTAS

Los dioses budistas no son tan numerosos como los que componen el cuerpo principal de la mitología china, pero sí hay unos cuantos bodhisattvas muy populares. Uno de ellos es Ti-tsang Wang Pu-sa, que deambula por los pasadizos del infierno, donde salva cuantas almas le es posible, asumiendo para sí los sufrimientos con que habían sido castigadas.

LA DIOSA DE LA PIEDAD

La deidad más querida por el pueblo chino es Guan Yin, diosa de la piedad, que originalmente fue un bodhisattva budista llamado Avalokitsvara. Este santo, cuyo nombre significa "aquel que oye los gritos del mundo", es también patrón del budismo tibetano.

Guan Yin suele presentarse como una madona con un velo blanco y un niño en los brazos; es muy venerada por quienen esperan un niño. Dicen los pescadores que esta diosa les protege en los momentos de peligro en el mar, y a veces se identifica con Mazu, cuyo culto se ha extendido más allá de las zonas cos-

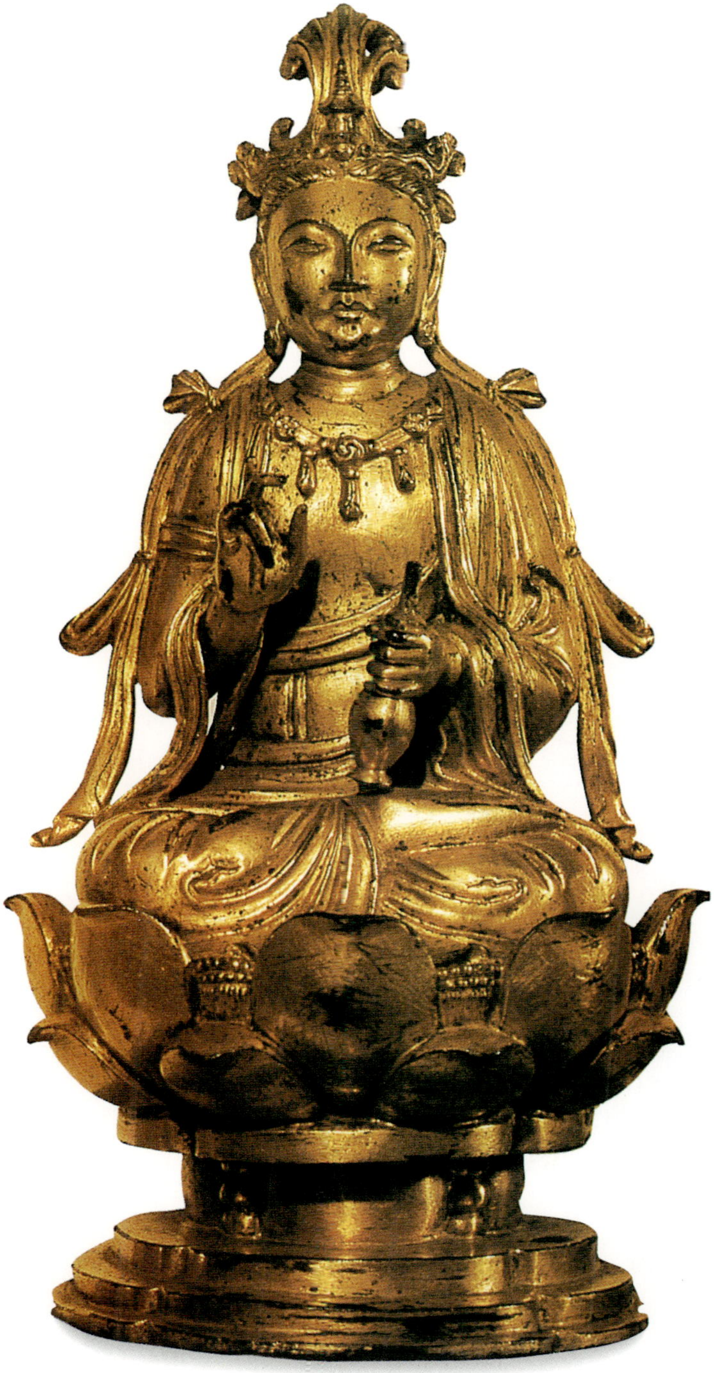

Derecha: Estatua de bronce dorado de un bodhisattva sentado sobre una hoja de loto. Los bodhisattvas son deidades budistas que voluntariamente permanecen en el mundo para salvar otras almas, en lugar de alcanzar el nirvana. Esta figura data de la dinastía Liao, 907-1125 d.C.

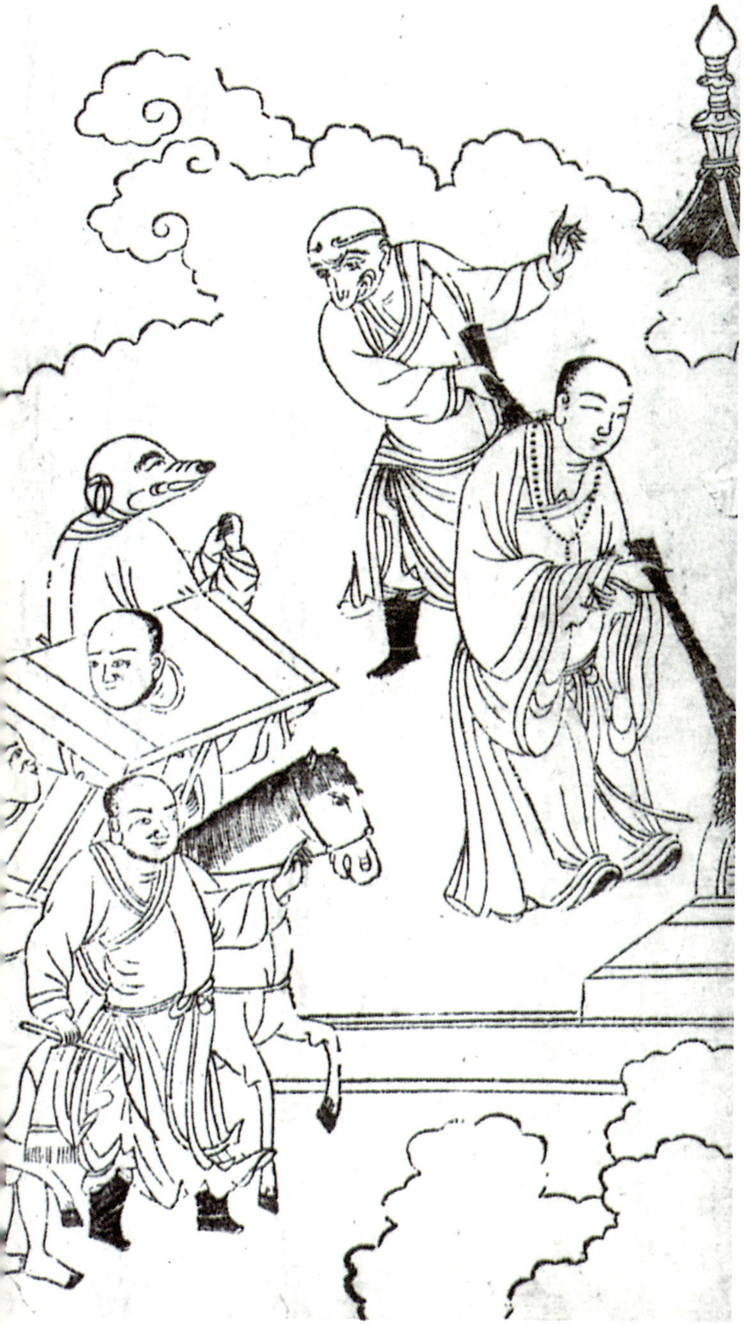

Izquierda: Grabado realizado en madera de una edición del siglo XVIII del clásico Viaje al Oeste, *de Wu Cheng'en. El mono aparece en la parte de arriba, el monje Tripitaka está a la derecha, y el cerdo, en el centro de la imagen, hacia la izquierda.*

teras del sur de China. No sólo hay imágenes de Guan Yin en los templos y santuarios, sino también en los hogares y lugares públicos. Su figura se ha representado en todos los medios; es la diosa más venerada y popular del panteón chino. La siguiente historia da idea del afecto que sus devotos sienten por ella.

El regalo del arroz

En tiempos en que los hombres vivían de la caza y la recolección, la vida era dura e incierta. Cuando Guan Yi vio cómo la gente sufría y a veces moría de hambre, se sintió conmovida y decidió ayudarles. Apretó sus senos para que la leche manara de ellos y con ella llenó las espigas de la planta del arroz.

Deseando producir bastante para todos los habitantes de la Tierra, la diosa estrujó tanto su pecho que las últimas gotas de leche se mezclaron con algo de sangre. Por esa razón hay dos clases de trigo: rojo y blanco.

El perro y el arroz

Un mito alternativo atribuye a un perro el mérito de haber introducido el arroz en la Tierra. Después de que Yu, hijo de Gun, hubiera podido controlar las grandes inundaciones, los hombres se vieron obligados a vivir de la caza, ya que todas las plantas habían sido arrastradas por el agua.

Cierto día, un perro atravesaba un campo anegado, llevando varias espigas de arroz enganchadas en su cola. Las semillas cayeron en la tierra encharcada y germinaron. Tan agradecidos estuvieron los hombres que la primera comida preparada con el fruto de aquella cosecha la compartieron con el perro.

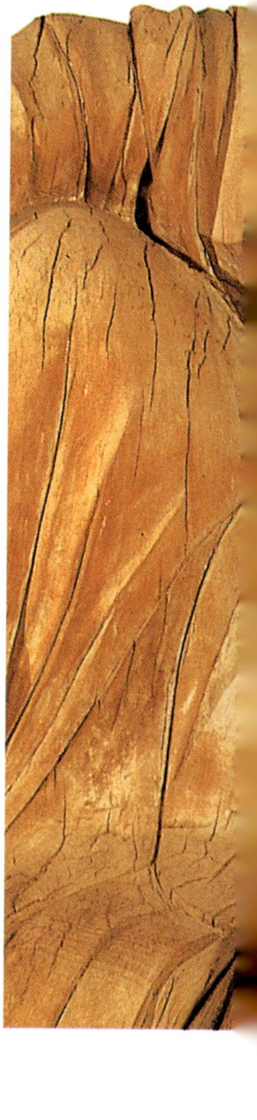

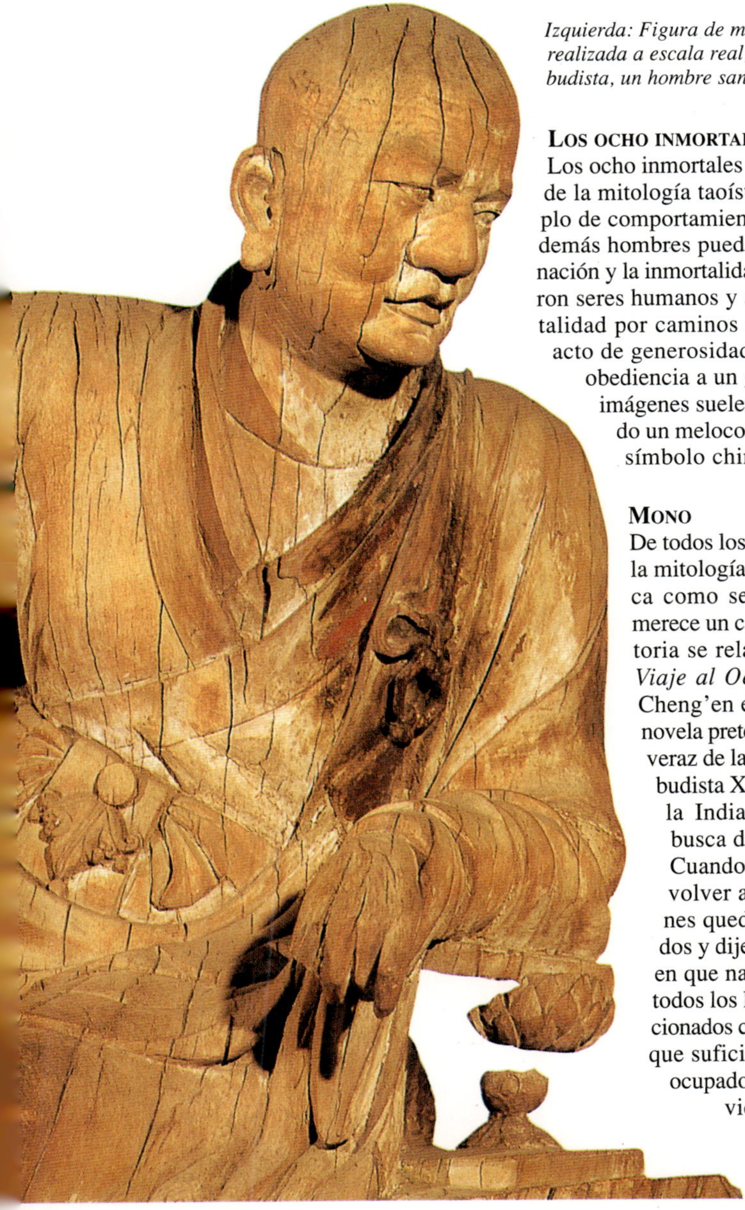

Izquierda: Figura de madera del siglo XIV realizada a escala real; se trata de un lohan *budista, un hombre santo iluminado.*

LOS OCHO INMORTALES

Los ocho inmortales son figuras centrales de la mitología taoísta. Ofrecen un ejemplo de comportamiento ideal para que los demás hombres puedan alcanzar la iluminación y la inmortalidad. Todos ellos nacieron seres humanos y alcanzaron la inmortalidad por caminos diferentes, como un acto de generosidad, la abnegación o la obediencia a un gran maestro. En sus imágenes suelen aparecer sosteniendo un melocotón, que es el antiguo símbolo chino de la longevidad.

MONO

De todos los animales que habitan la mitología china, tanto fantástica como seudohistórica, Mono merece un capítulo aparte. Su historia se relata en el *Xi you ji*, o *Viaje al Oeste*, escrito por Wu Cheng'en en el siglo XVI. Esta novela pretende ser una narración veraz de las aventuras del monje budista Xuan Zang, que viajó a la India en el siglo VII en busca de los sutras budistas. Cuando anunció su deseo de volver al hogar, sus anfitriones quedaron muy sorprendidos y dijeron: "Ésta es la tierra en que nació Buda, y si visitas todos los lugares sagrados relacionados con él habrás visto más que suficiente para mantenerte ocupado durante el resto de tu vida. Habiendo llegado hasta aquí, sería una lástima marcharse ahora." Pero Tripitaka, que era el verdadero nombre del monje, les explicó que el budismo contenía un mensaje para toda la humanidad y por tanto era su obligación volver a China para difundirlo.

Tras una ausencia de dieciséis años, Tripitaka pasó el resto de su vida traduciendo los quinientos veinte textos que había traído consigo.

En la narración, Tripitaka (se le dio el nombre de Xuan Zang por las escrituras que iba buscando, los sutras) va acompañado de Mono y Cerdito, dos criaturas que no tienen ninguna base histórica. Aunque Mono posee algunos poderes sobrenaturales, además de un carácter travieso y un genio insufrible, Cerdito es un personaje completamente prosaico, síntesis de los deseos humanos más primarios.

LA INMORTALIDAD DE MONO

Mono nació de un huevo de piedra que había estado descansando en la ladera del monte Aolai, en el mar del Este, desde que Pangu creara el mundo. Aunque nada en su aspecto lo distinguía de otro mono cualquiera, Mono poseía poderes mágicos. La tribu de monos con los que vivía reconocieron en seguida sus cualidades especiales y lo eligieron rey. Después de reinar durante trescientos años, Mono empezó a preocuparse por el futuro de la tribu y de sí mismo. Decidió entonces buscar el camino de la inmortalidad del que había oído hablar en los relatos de Buda y otras deidades. Así que Mono dejó la montaña y viajó al mundo de los hombres. En él encontró un maestro que accedió a tomarlo como discípulo.

Según la costumbre, Mono recibió un nuevo nombre: Sun ("el iluminado"), dado que la palabra china *sun* significa "mono".

Derecha: Esta figura del siglo XVI, realizada en esteatita, es una representación de uno de los jueces del infierno. Lleva consigo varios rollos donde está recogida la duración de las vidas humanas y sus acciones.

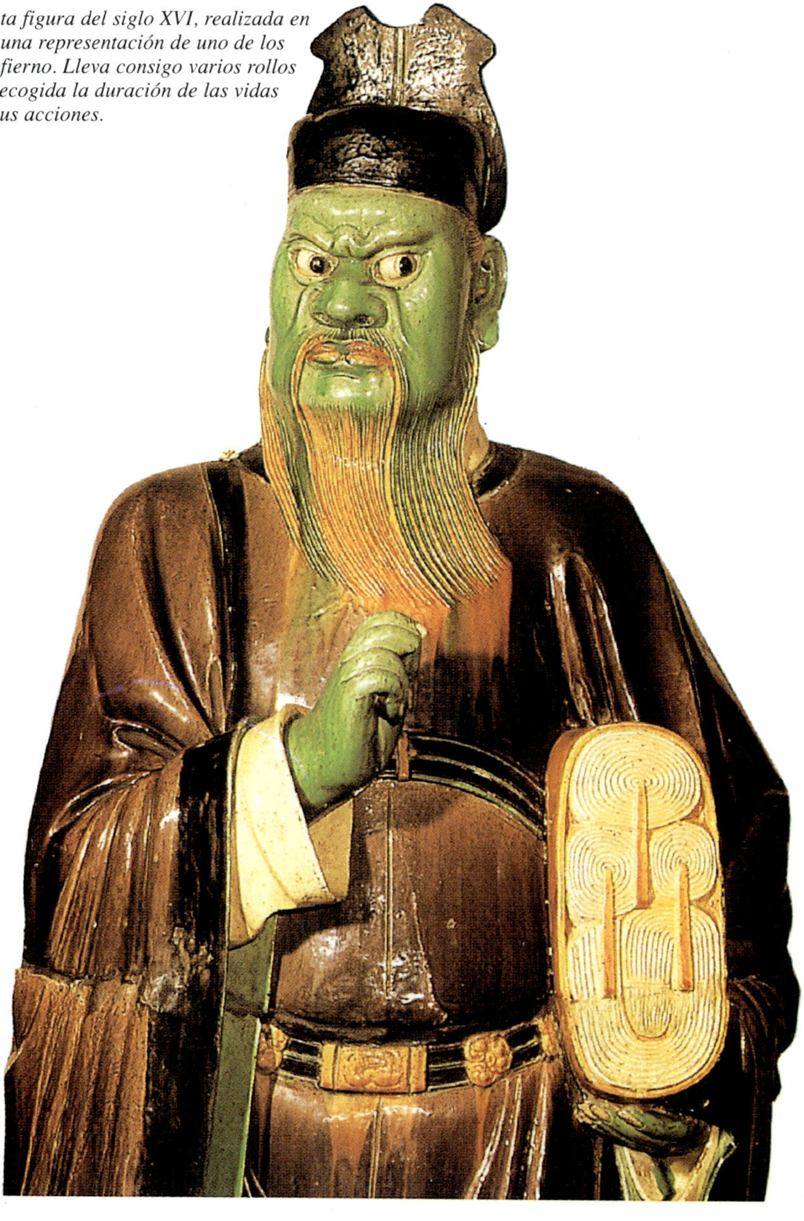

Veinte años más tarde, Mono no sólo poseía el secreto de la vida eterna, sino que había adquirido otras valiosas habilidades, como la de cambiar de forma a voluntad o volar por el aire.

EL ARMA MÁGICA DE MONO

Cuando Mono volvió a la montaña Aolai, descubrió que un monstruo se había adueñado del hogar de los monos. Después de derrotar a la bestia, Mono comprendió que necesitaba encontrar un arma mágica. Visitó al rey dragón del mar del Este y, contra su voluntad, se llevó un pilar de hierro que había sido usado por el gran Yu, controlador de las inundaciones. En manos de su poseedor, este pilar podía cambiar de tamaño en un instante, de modo que podía usarse como aguja de coser o como bastón de ocho pies de largo.

MONO Y EL MUNDO DE LOS MUERTOS

Un día, mientras comía y bebía en compañía de sus compañeros los monos, se acercaron a Mono dos mensajeros del mundo de los muertos, nuncios de la muerte. Mono se enfadó mucho cuando los mensajeros no tomaron en cuenta sus protestas asegurando que se había convertido en un ser inmortal. Después de poner fuera de combate con su mágico garrote a sus dos pretendidos guardianes, Mono se dirigió, hecho una furia, a la región de los muertos. Los oficiales y jueces de las cortes del infierno fueron inmediatamente sometidos por el iracundo mono.

Exigió ver en seguida el Registro de los Muertos, y al descubrir que su nombre estaba allí —alma número 1735, Sun el Iluminado: 342 años y una plácida muerte— se puso aún más furioso. Agarró un pincel y tachó sin pensarlo las líneas con su nombre y el de su tribu. Después tiró el libro al suelo y salió de allí como había entrado, volviendo a su fortaleza en la montaña.

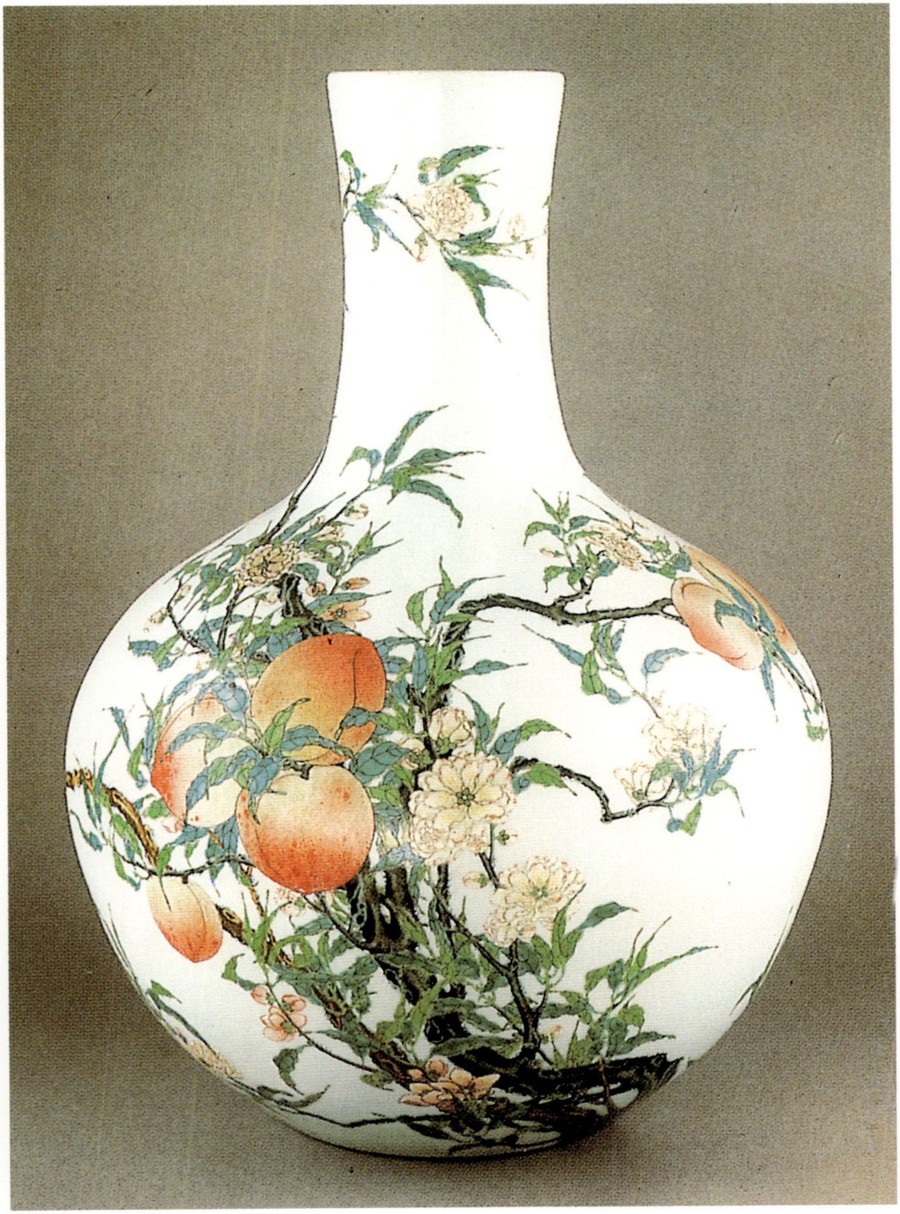

MONO VA AL CIELO

Sin embargo, empezaron a llegar a oídos del gran Emperador de Jade noticias sobre Mono y sus acciones. Tanto el Rey Dragón del mar del Este como Yama, Señor del Mundo de los Muertos, se quejaron del comportamiento arrogante de Mono. Se decidió traer a Mono al cielo, donde sería más fácil de controlar. Y así se le ofreció el puesto de Guardián de los Celestiales Caballos, que aceptó de buen grado, creyendo que se trataba de un cargo de gran relevancia.

Después de haber desempeñado su nueva tarea durante algún tiempo, Mono empezó a hacer averiguaciones sobre la categoría de su cargo y el salario, y tuvo un nuevo ataque de cólera al descubrir que el puesto era meramente honorario, no remunerado y, lo que era aún peor, tan intrascendente que no era digno de figurar en la jerarquía celestial. Sólo había una manera de convencer a Mono para que permaneciera en el cielo: ofrecerle el honorable título de "Gran Sabio, igual al Cielo" (más suntuoso pero igual de intrascendente).

EL GUARDIÁN DEL JARDÍN

Tras un tiempo en que todo lo que hizo fue comer y beber, trataron de mantener a Mono alejado de problemas, ofreciéndole el cargo de guardián del Jardín de los Melocotones Inmortales.

Este jardín pertenecía a Xiwangmu, Reina Madre del Oeste, y cada seis mil años, cuando maduraban los mágicos melocotones, ella celebraba una fiesta a la que todos los inmortales eran invitados y en la que cada uno de ellos renovaba su inmortalidad comiendo el

Izquierda: Jarrón de porcelana de la dinastía Qing, decorado con esmaltes de púrpura de bario. Se dice que los melocotones tenían el poder de alejar a los malos espíritus, y también eran símbolo de inmortalidad.

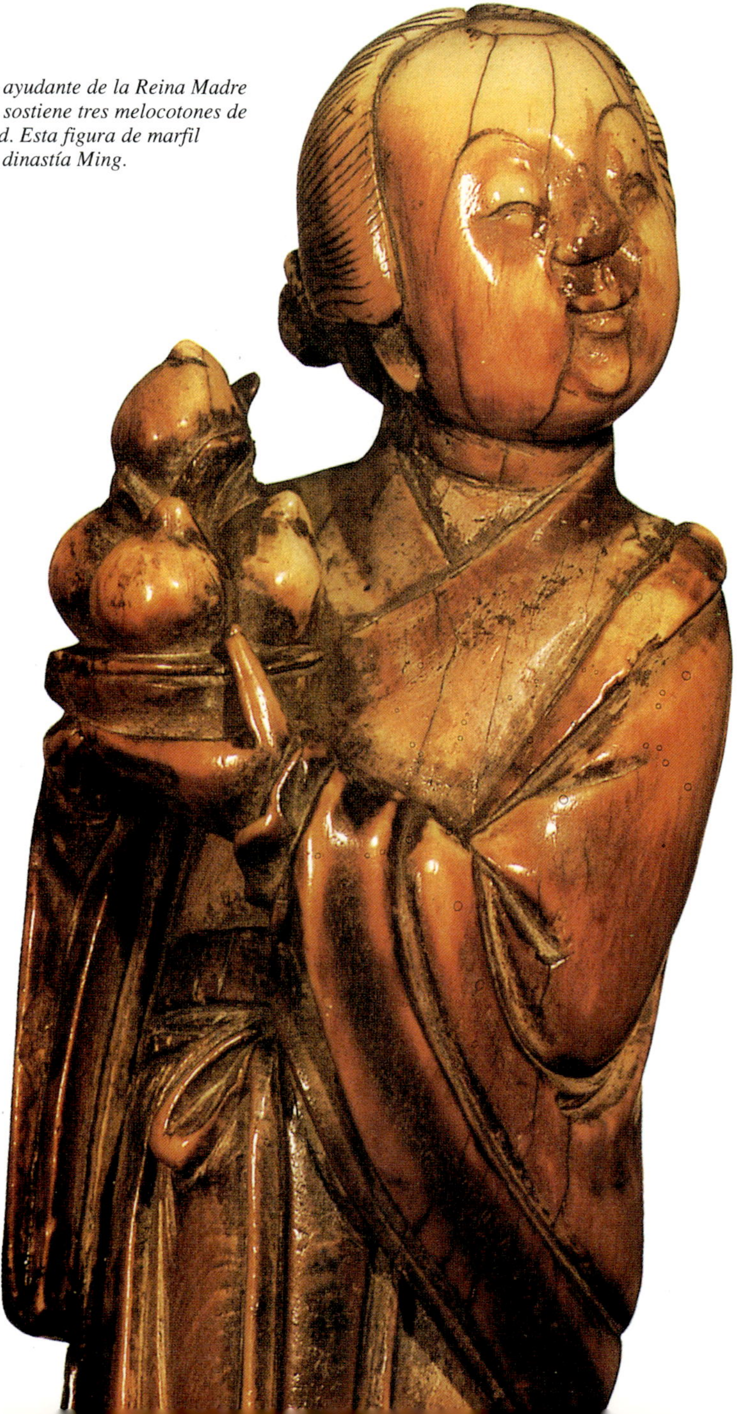

Derecha: Una ayudante de la Reina Madre del Oeste, que sostiene tres melocotones de la inmortalidad. Esta figura de marfil pertenece a la dinastía Ming.

preciado fruto. Pero, como era previsible, cuando los melocotones estaban casi maduros, Mono no pudo resistir arrancar uno para probar su sabor. Y tan delicioso era que se comió uno tras otro, hasta que finalmente quedó dormido en la rama de un árbol. Le despertó la doncella enviada a recoger los melocotones para el gran banquete de la Reina Madre.

UNA FIESTA SINGULAR

Mono quedó atónito al conocer la noticia de que no había sido invitado a las celebraciones, y estaba resuelto a vengar el desprecio. Ya se había comido la mayor parte de los melocotones maduros del jardín, y ahora empezó a beber grandes cantidades del vino reservado para la fiesta. Y cuando encontró las calabazas que contenían el elixir de la inmortalidad preparado para la ocasión, también dio cuenta de él.

EL CASTIGO DE MONO

Despúes del primer sorbo, Mono comprendió la magnitud de la ofensa que había cometido. Lleno de remordimientos, volvió a la montaña y allí se ocultó. Lívidos estaban los dioses al ver lo que Mono había hecho, y decididos a darle un buen escarmiento.

Después de muchos esfuerzos, el culpable fue llevado ante el Emperador de Jade, atado de pies y manos. No podia ser sentenciado a muerte, ya que había consumido gran cantidad de productos de la inmortaidad, por lo que se decidió que debía ser quemado en el crisol de Laozi. Pero cuarenta y nueve días de calor al rojo vivo no lograron otra cosa que enrojecerle los ojos, y salió del crisol con renovado ánimo combativo.

Desesperado, el Emperador de Jade visitó al propio Buda para pedir su consejo. Mucho divirtió a Buda el relato de las insolencias de Mono y, colocándolo sobre la palma de su gigantesca mano, le desafió: "Si puedes saltar fuera de mi mano, reinarás sobre el cielo. Si no, debes volver a la Tierra y esforzarte por conseguir la inmortalidad."

MONO Y BUDA

Mono dio un gran salto en el aire y voló a gran distancia. Cuando por fin aterrizó, se encontró al pie de una gran montaña. Mono arrancó uno de sus pelos y lo usó como pincel para escribir su nombre sobre las rocas. Después orinó en el suelo, como hacen los animales para marcar su territorio, antes de volver a la presencia de Buda. Cuando Mono reclamó su derecho a gobernar en el cielo, Buda estalló en un ataque de risa.

"Nunca dejaste mi mano. Mira, aquí está tu nombre escrito en uno de mis dedos." Mono comprendió que nunca podría vencer a Buda, de manera que trató de huir. Pero Buda creó al instante una montaña y en ella encerró al insolente animal, diciendo: "Aquí permanecerás hasta que hayas purgado tus pecados."

Quinientos años después, gracias a la intercesión de Guanyin, Mono fue liberado con la condición de que debía acompañar al monje Tripitaka en su gran viaje al Oeste, y protegerle de todo mal.

MONO, TRIPITAKA Y CERDITO

A los dos viajeros se añadió un tercer compañero, Cerdito, y juntos continuaron su peligroso viaje hasta que, después de catorce años

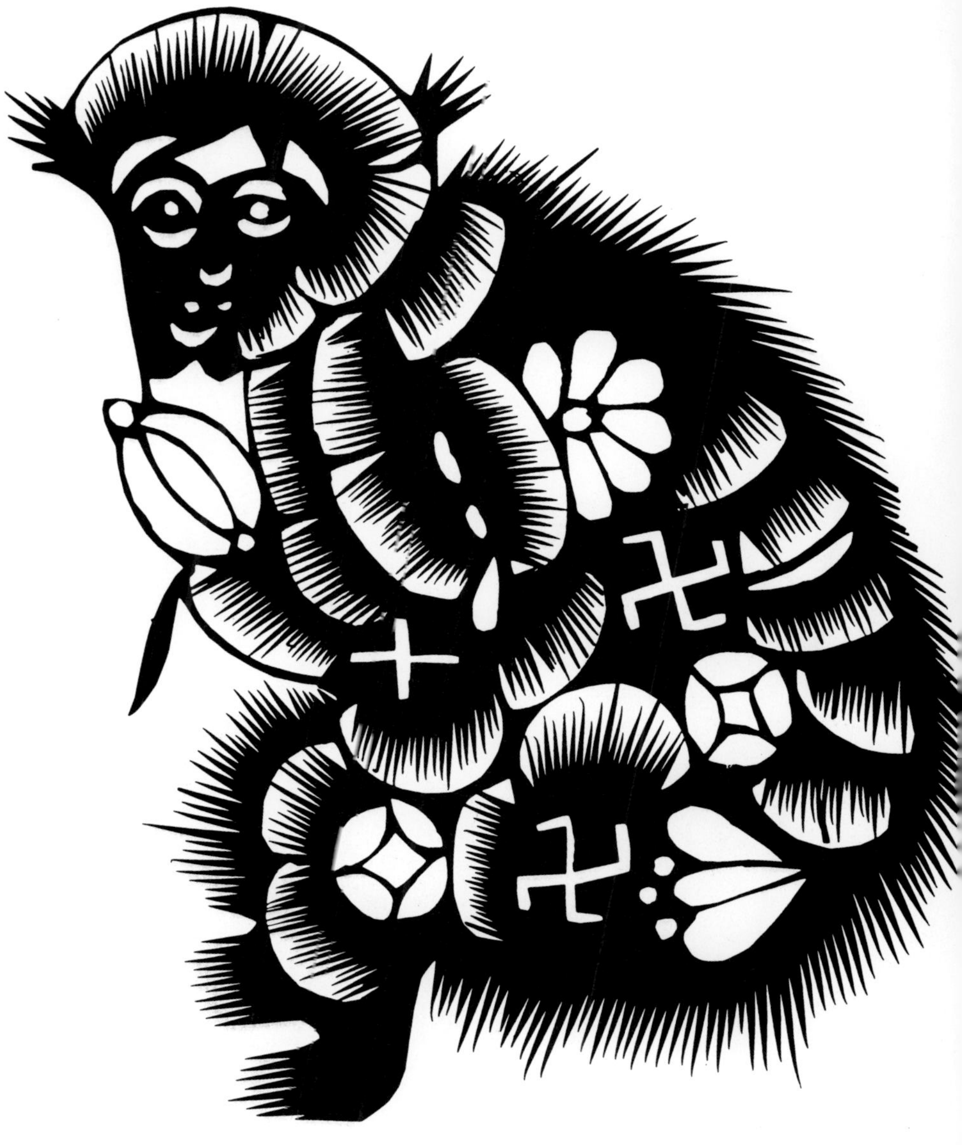

Derecha: Representación en papel de Mono en el momento de comerse un melocotón en el jardín de la Reina Madre. Su pelo aparece cubierto de flores, monedas y esvásticas, todas ellas símbolos de buena suerte en China y la India. El humor de Viaje al Oeste, *en el que aparece este personaje, ha asegurado la pupularidad de la leyenda.*

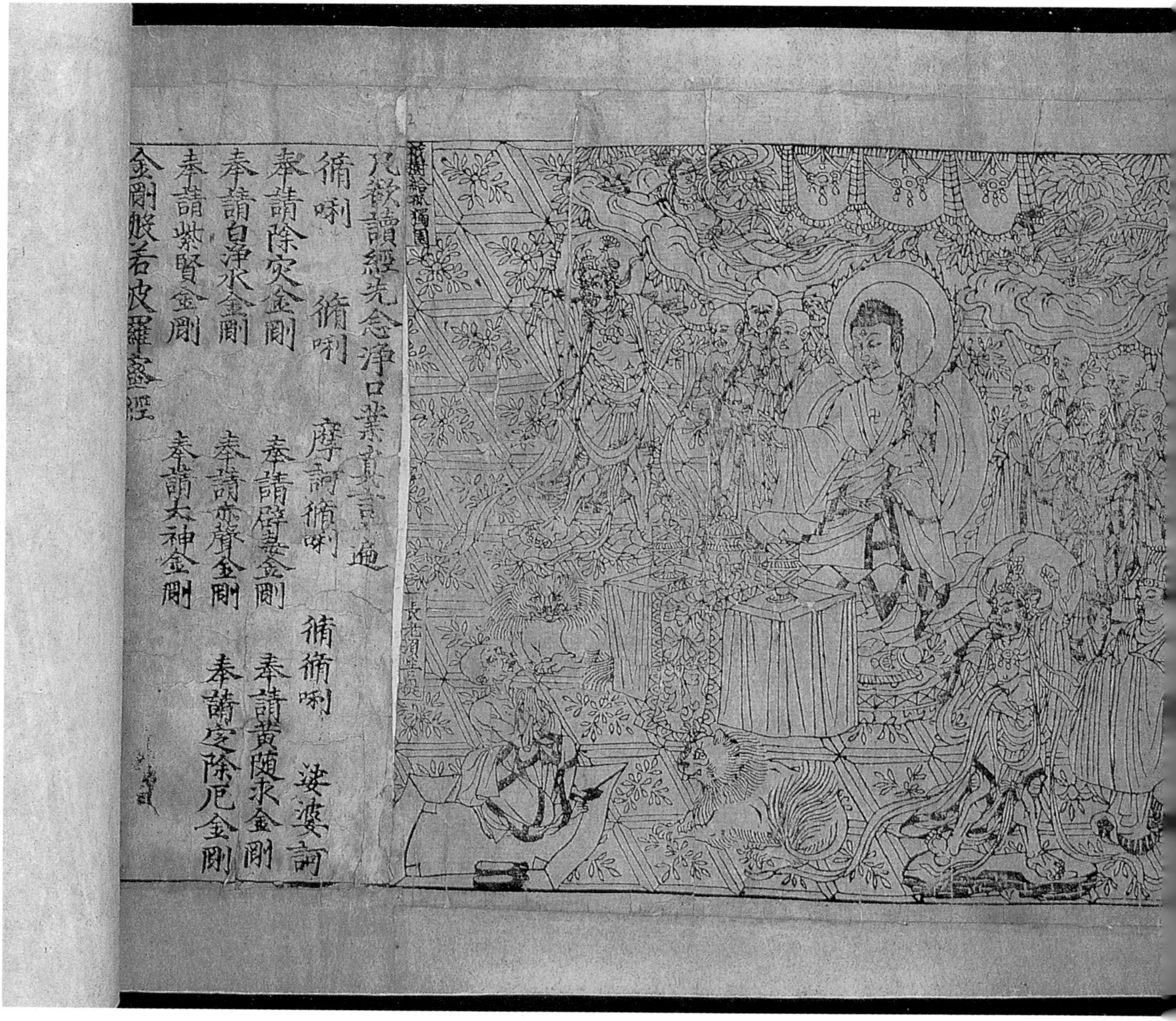
凡欲讀經先念淨口業真言遍
脩唎 脩唎 摩訶脩唎 脩脩唎 娑婆訶
奉請除災金剛 奉請辟毒金剛 奉請黃隨求金剛
奉請白淨水金剛 奉請赤聲金剛 奉請定除厄金剛
奉請紫賢金剛 奉請大神金剛
金剛般若波羅蜜經
祇樹給孤獨園
長老須菩提

y más de ochenta peligros, el grupo divisó la morada de Buda, la Montaña del Alma.

Cuando recibieron las escrituras de manos del propio Buda, los tres emprendieron el camino de regreso. Gracias a Guanyin, esta vez pudieron realizar el viaje con gran comodidad, montados sobre una nube llevada por uno de los cuatro Guardianes Dorados. Pero todas estas facilidades terminaron bruscamente cuando Buda decidió que debían pasar una última prueba, logrando así alcanzar el número de ochenta y una pruebas, es decir, nueve veces nueve.

La prueba de Buda

Los tres compañeros se encontraron de pronto cayendo nuevamente a la Tierra. Al incorporarse reconocieron el lugar como la misma orilla del río que habían cruzado en su viaje de ida a lomos de una tortuga blanca.

También en esta ocasión se ofreció la tortuga a cruzarlos a la otra orilla, pero cuando se encontraban en el centro del río, preguntó a Tripitaka si había averiguado de labios de Buda el período de vida que correspondía a una tortuga, algo a lo que al parecer se había comprometido el monje en su encuentro anterior. Lo cierto es que al verse delante de Buda, Tripitaka había olvidado la pregunta de la tortuga. Tanto se enfadó la tortuga al saber esto que dejó caer al agua a sus pasajeros, aunque, afortunadamente, los tres pudieron alcanzar la orilla a nado y salvar su preciado equipa-

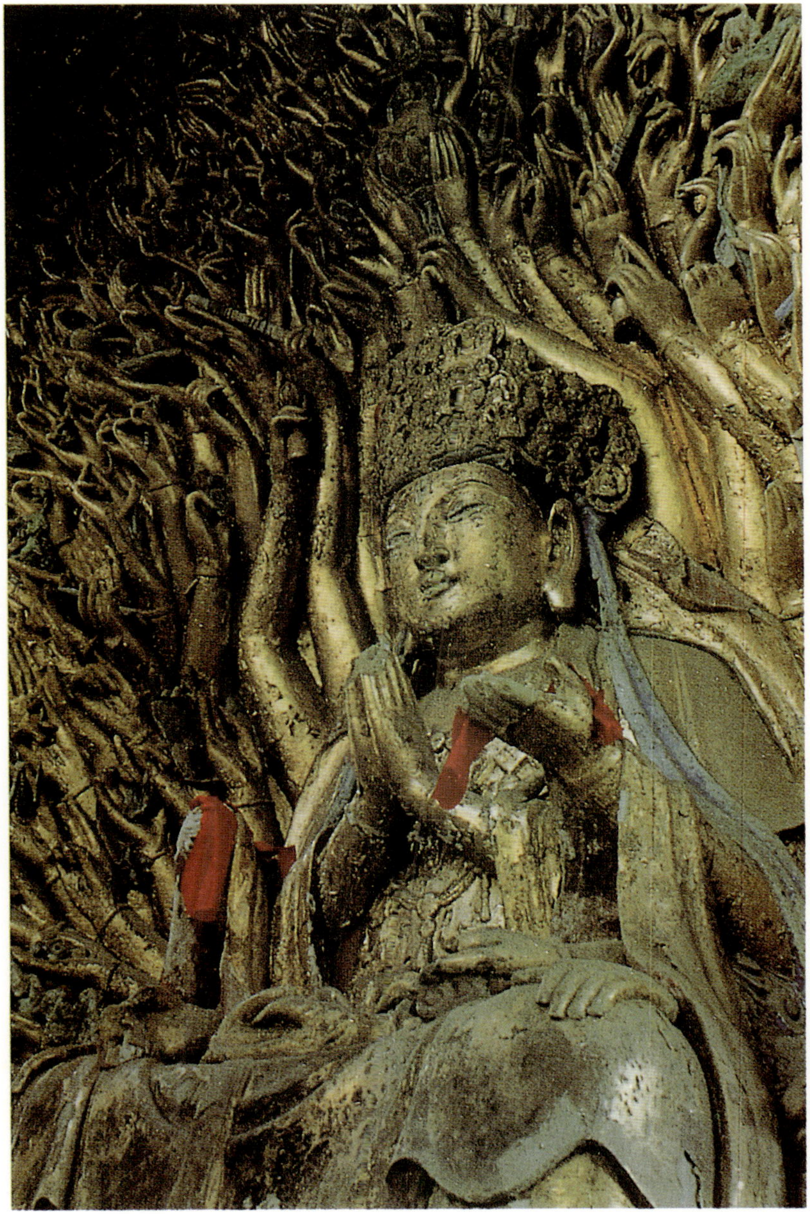

Izquierda, página opuesta: El "Sutra del Diamante" es el primer libro impreso del mundo. El frontispicio, que muestra a Buda rodeado de sus discípulos, data del año 868 d.C. y fue encontrado en Dunhuang, en la provincia de Gansu.

Derecha: Estatua de Buda esculpida en piedra dorada; procede de la región central del Este de China.

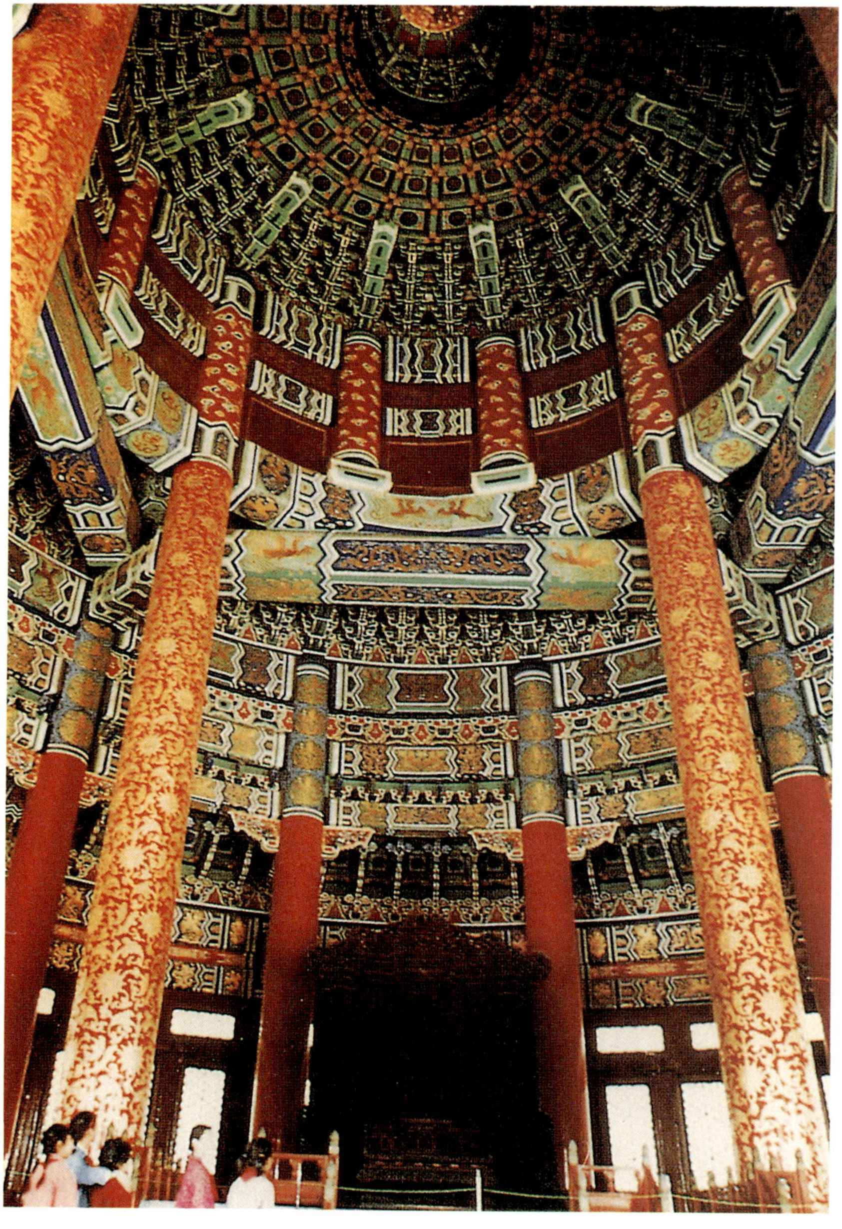

je. Al llegar a tierra, fueron recibidos con júbilo por los habitantes locales.

LA EXONERACIÓN

En Chang'an, la capital del país, el emperador recibió a los tres viajeros en una majestuosa ceremonia. La historia termina en el cielo, donde Buda les entregó el panegírico final y reveló que Tripitaka había sido en un tiempo su discípulo, enviado a la Tierra para purgar sus pecados. Hoy Tripitaka puede sentarse otra vez al lado de Buda. Mono es el dios de la Batalla Victoriosa, y Cerdito, Jefe Celestial y Limpiador del Altar.

La historia de Mono se ha reproducido en libros, obras de teatro, ópera, películas y aún hoy cautiva al pueblo chino. Sus travesuras y sus habilidades en las artes marciales deleitan al público como lo han hecho durante siglos.

Izquierda: Imagen del colorido interior de la Sala de la Oración, en el Templo del Cielo, Pekín.

GRANDES LEYENDAS

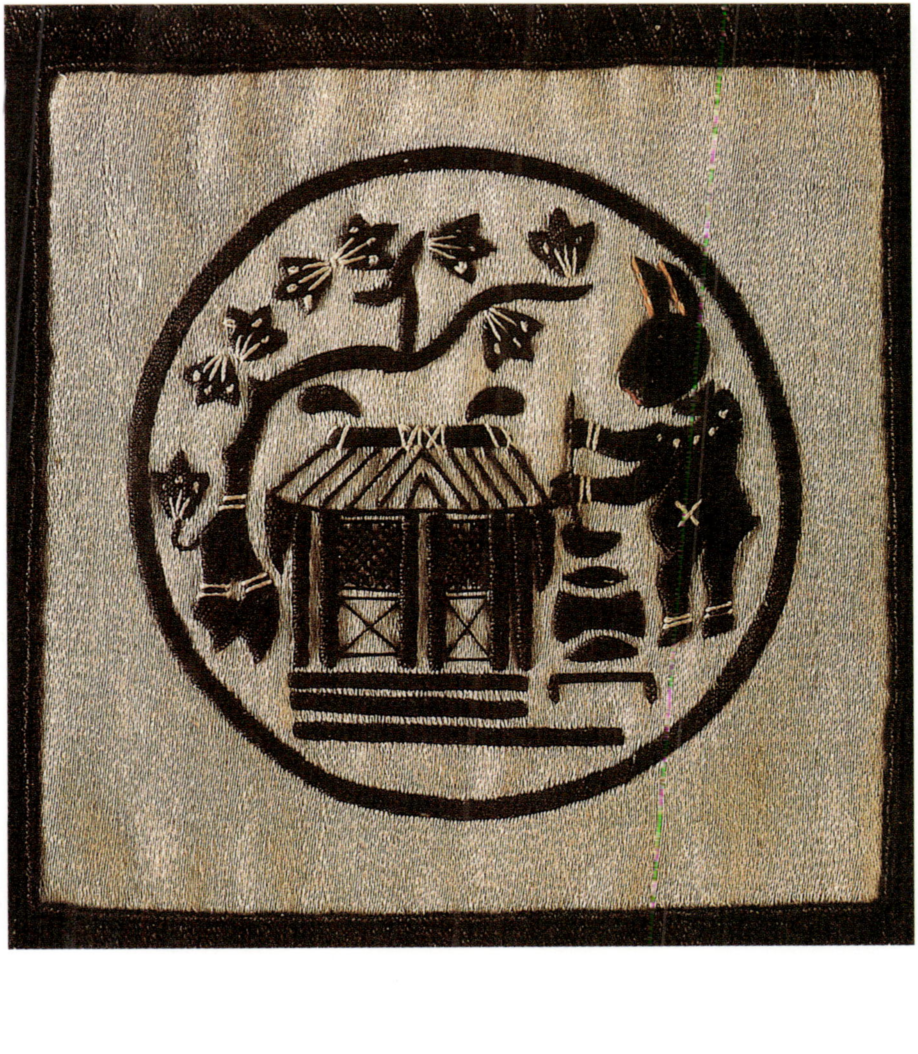

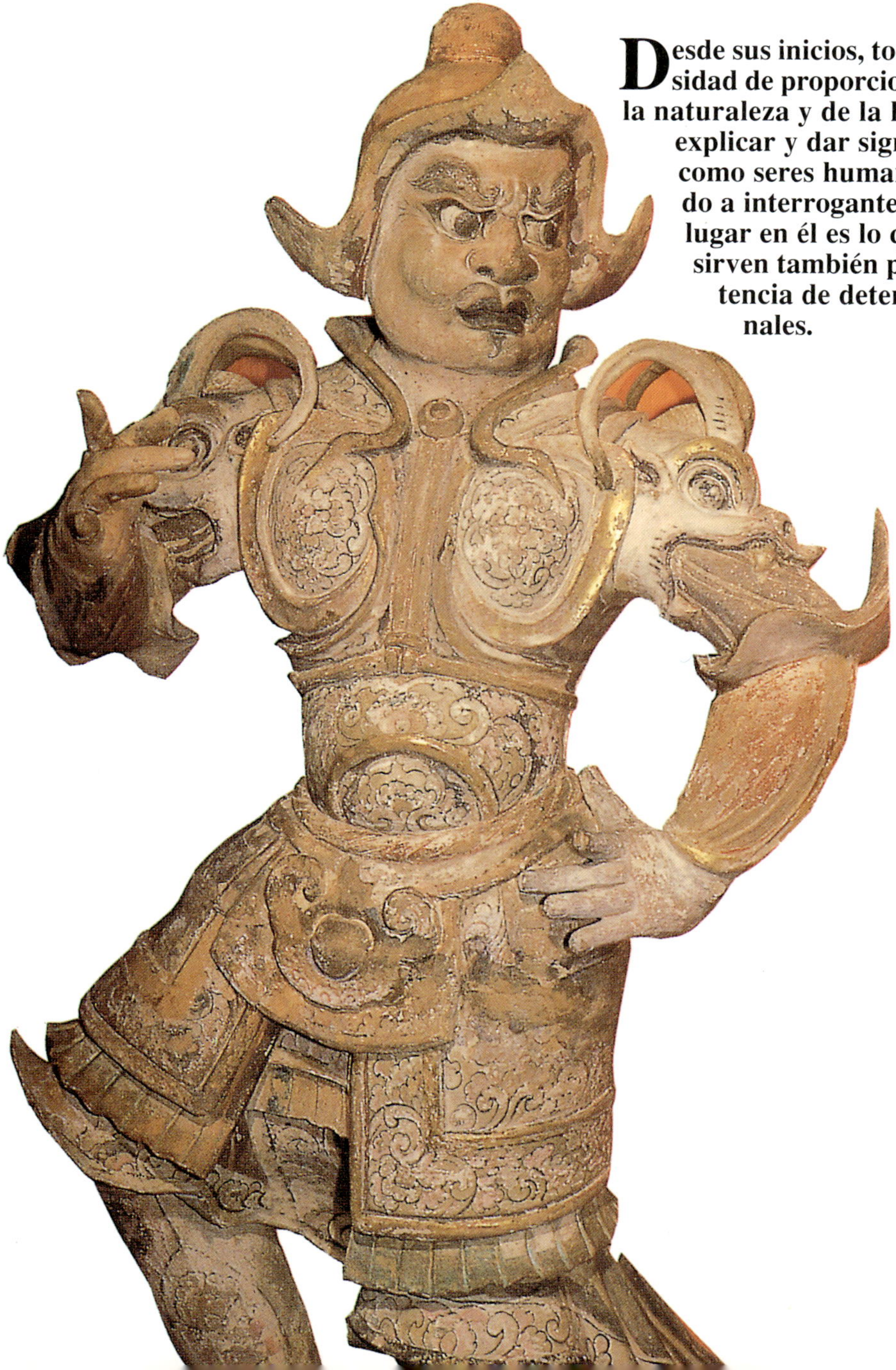

Desde sus inicios, todas las sociedades han sentido la necesidad de proporcionar una explicación a los caprichos de la naturaleza y de la historia. En realidad, es este deseo de explicar y dar significado a la vida lo que nos distingue como seres humanos. Las respuestas que hemos ofrecido a interrogantes como el origen del mundo o nuestro lugar en él es lo que conocemos como mitos. Los mitos sirven también para justificar el orden social y la existencia de determinadas costumbres y ritos tradicionales.

Los relatos son tan ricos y variados como las culturas de las que forman parte. Está claro que una de las grandes preocupaciones de la mitología china es el mantenimiento del orden y la estabilidad. La creencia de que las calamidades naturales eran provocadas por una falta de armonía en el cielo se repite una y otra vez en muchas de las antiguas leyendas, aunque aquí sólo tenemos espacio para referirnos a algunas de ellas.

EL EMPERADOR AMARILLO

La leyenda de Huang-ti, el santo patrón de todos los taoístas, proporciona un excelente ejemplo de esta necesidad por conservar la armonía y el correcto equilibrio yin-yang del universo.

Después de quince años, el reinado de Huang-ti, el "Emperador Amarillo", empezó a pasar por serios apuros. Aunque sus súbdi-

Página anterior: Almohada bordada en seda, cuyos dibujos representan la leyenda de la liebre en la luna bajo la casia, machacando los ingredientes del elixir de la inmortalidad.

Izquierda: Figura de barro de un temible guardián de una tumba Tang. Está fechada alrededor del siglo VIII. Figuras como ésta se utilizaban para alejar a los malos espíritus.

tos estaban encantados con tan benevolente emperador, Huang-ti empezaba a descuidar sus obligaciones imperiales y pasaba la mayor parte del tiempo dedicado al placer, hasta que su piel se volvió macilenta y sus sentidos empezaron a embotarse. Pasaron otros quince años, y con ellos llegó una época de desorden social, pero el emperador no hizo nada por remediarlo.

Finalmente, comprendiendo que era inútil su lucha contra la apatía que se había apoderado de él, dejó en manos de sus ministros todas las decisiones y se recluyó en una cabaña que había en el patio principal, para disciplinar su mente y su cuerpo con el ayuno.

Un día soñó con el reino de Hua-hsu, madre del mítico gobernador Fu Hsi, una tierra "a la que no pueden llegar los barcos, ni el carro, ni el pie humano". Era aquel un lugar ideal, poblado por gentes que no conocían el deseo ni la ambición, y que cabalgaban por el aire "como si anduvieran sobre la tierra, y dormían en él como en sus mismas camas".

Cuando despertó, Huang-ti anunció a sus ministros que "es imposible la búsqueda de la Senda Tao a través de los sentidos. Lo sé, lo he descubierto, pero no os lo puedo explicar". Huang-ti experimentó una radical transformación y desde ese momento su reino gozó de orden y estabilidad semejantes a los que había visto en la región de Hua-hsu. Al morir se convirtió en un *hsien*, o inmortal, y sus súbditos lloraron su muerte durante doscientos años.

La leyenda de este sorprendente emperador se ha usado como ejemplo de sabiduría. Su reinado se considera una edad de oro, y su figura se ha adornado con muchas virtudes heroicas: haber dado muerte a terribles monstruos y sometido pueblos rebeldes. También se le atribuyen invenciones tales como la brújula, la acuñación de moneda o las instituciones gubernamentales.

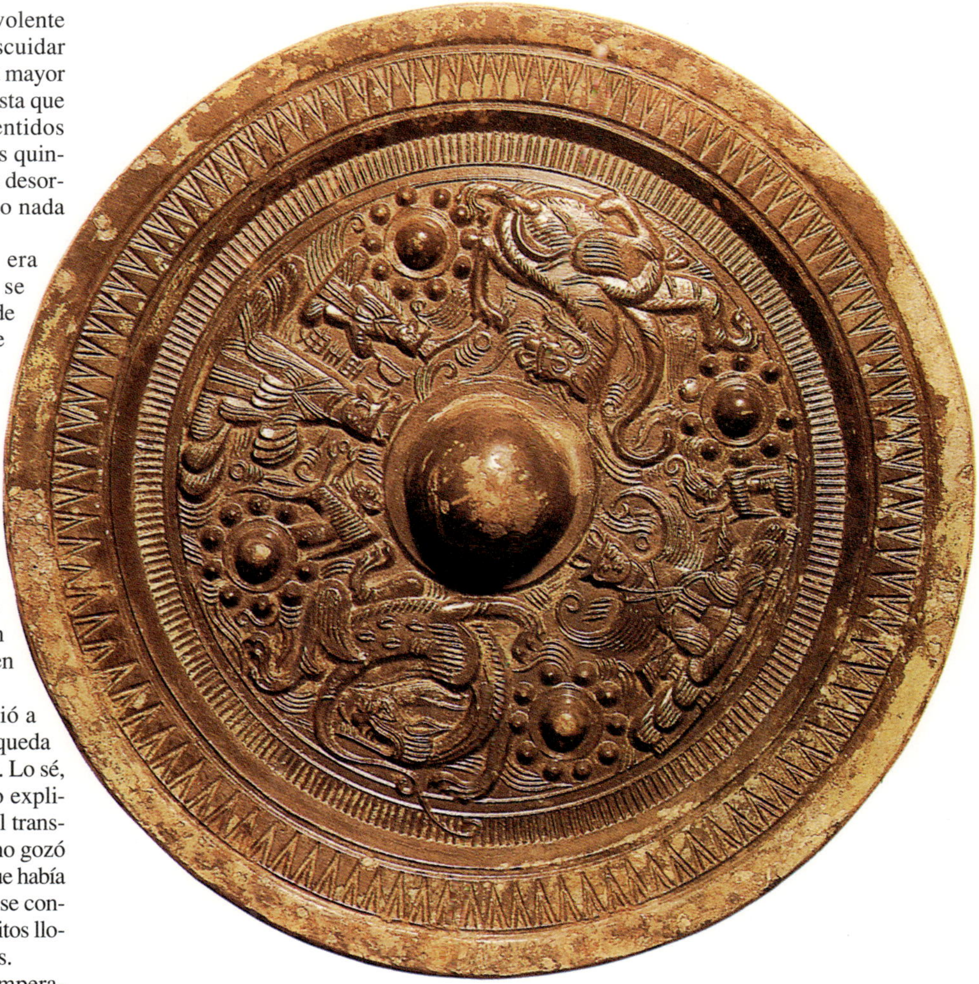

Arriba: Elaborado espejo de bronce del siglo III, decorado con figuras de divinidades taoístas.

LA DIOSA LUNA CHANG E

Esta leyenda tiene su origen en la antigua fascinación que el pueblo chino ha sentido por la astronomía y la adivinación basada en el estudio de la dinámica celeste.

Una gran morera llamada Fusang crecía en el mar más allá del océano del Este, y en este árbol habitaban diez soles. Estos soles, que

Derecha: Grabado en madera de principios de este siglo, donde se cuenta la historia de Meng Qiang nu. El relato comienza en la parte derecha, y se lee de arriba abajo.

Extremo derecha, página opuesta: Compleja figura de porcelana realizada en el siglo XVIII que representa un fénix, símbolo de la emperatriz de China.

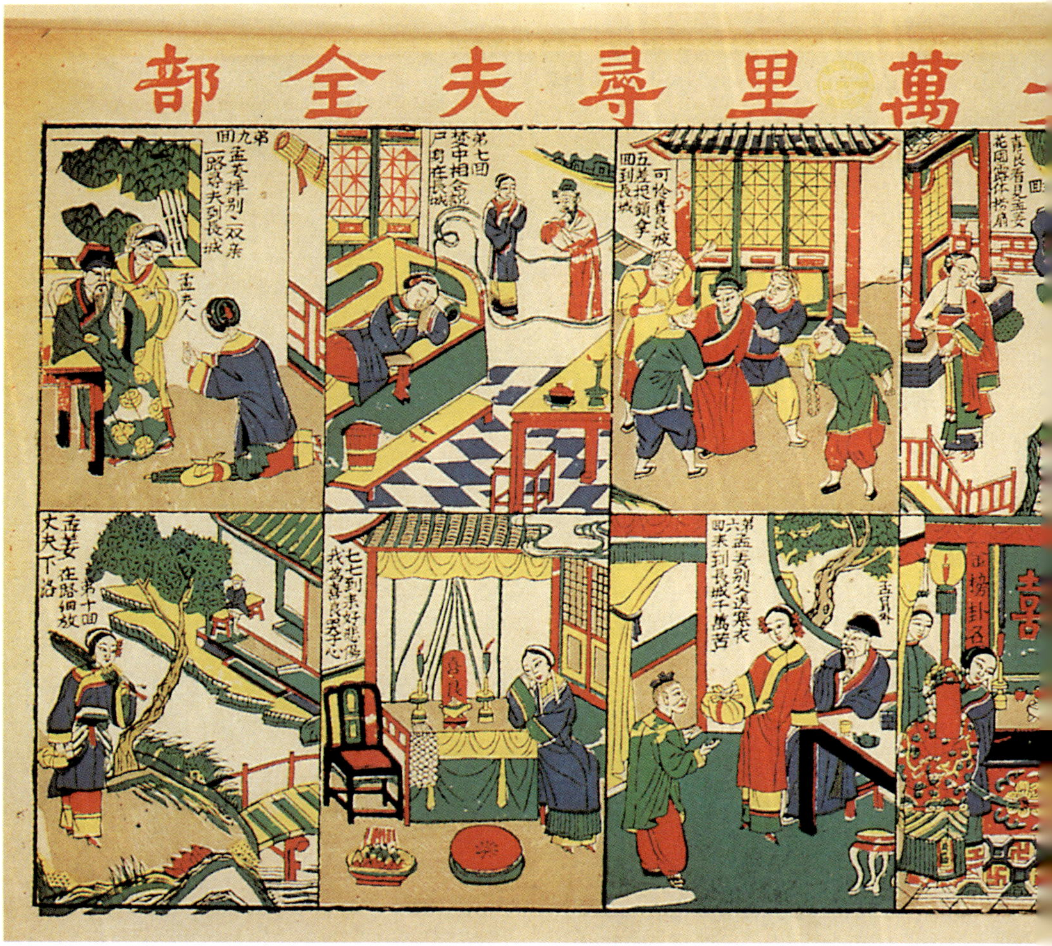

eran hijos de Dijun, dios del Este, y Xihe, diosa del Sol, hacían turnos para salir al cielo. Cada mañana, uno de ellos recorría el cielo sobre un carro conducido por su madre, y así iluminaba y calentaba el mundo. Un día, los diez soles se rebelaron contra la rutina diaria y decidieron hacer una travesura y recorrer juntos el firmamento. Y mientras se divertían en lo alto del cielo, la Tierra bajo ellos quedaba sumida en el caos. El suelo se secó, arruinando las cosechas, y hasta las piedras empezaron a derretirse. La comida escaseaba y apenas había nada que beber. Para empeorar la situación, los monstruos y bestias salvajes salieron de sus guaridas en los bosques en busca de presas. Dijun y Xihe sintieron compasión por los humanos y suplicaron a sus hijos que se comportaran bien.

El desafío de Yi

Exasperado, Dijun llamó al gran arquero Yi y le entregó un carcaj con flechas blancas y un arco de color rojo. "De ti depende el restablecimiento del orden en la Tierra", le dijo. "Controla a mis hijos y mata a las bestias salvajes que están atemorizando a la gente." Yi aceptó el encargo y se puso en camino, acompañado de su joven esposa, Chang E.

El arquero tenía claro que no lograría nada ni con amenazas ni con buenas palabras, de modo que colocó en su arco la primera flecha y la disparó al cielo. Una bola de fuego explotó en lo alto, y el aire se llenó de doradas llamas. Momentos después se pudo escuchar el sonido que hace un objeto grande al caer al suelo. Los hombres se acercaron al lugar de donde procedía el ruido y descubrieron que uno de sus atormentadores se había transformado en un cuervo de tres patas. Yi lanzó una tras otra todas las flechas de su carcaj, y cada una de ellas alcanzó directamente su objetivo. Y con cada flecha caía al suelo uno de los soles,

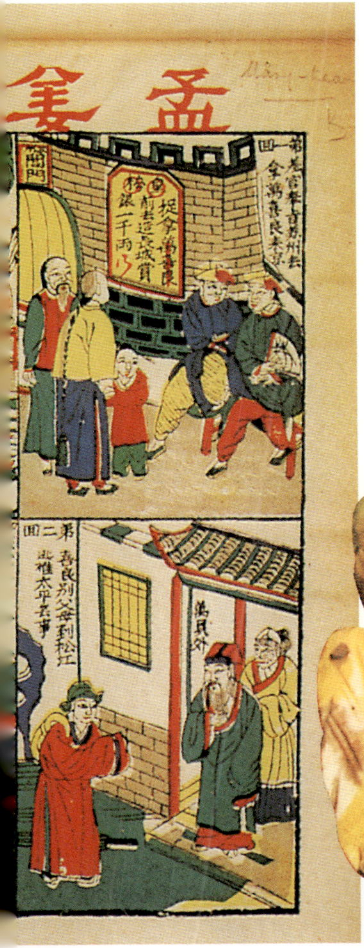
孟姜
第一回
第二回

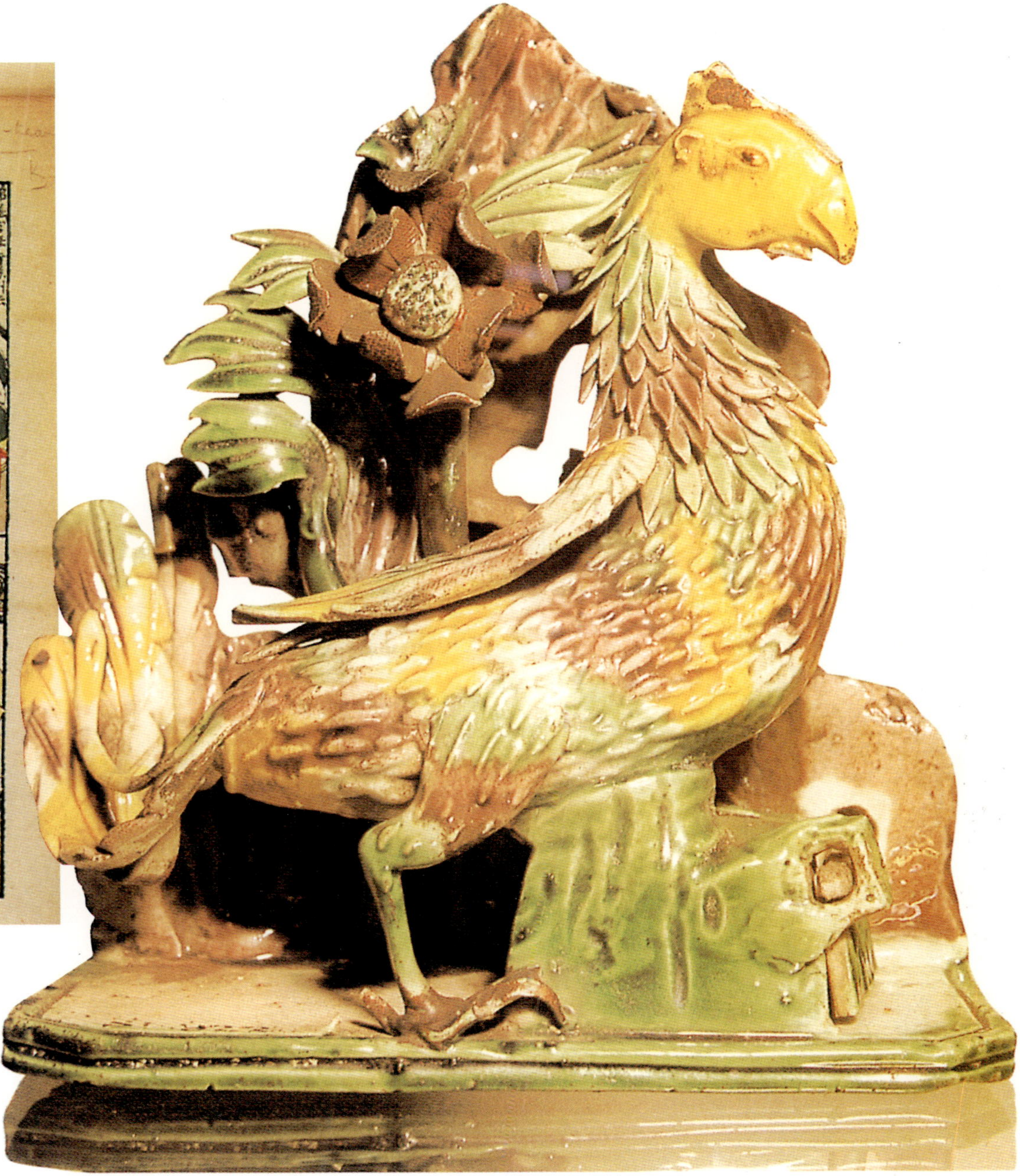

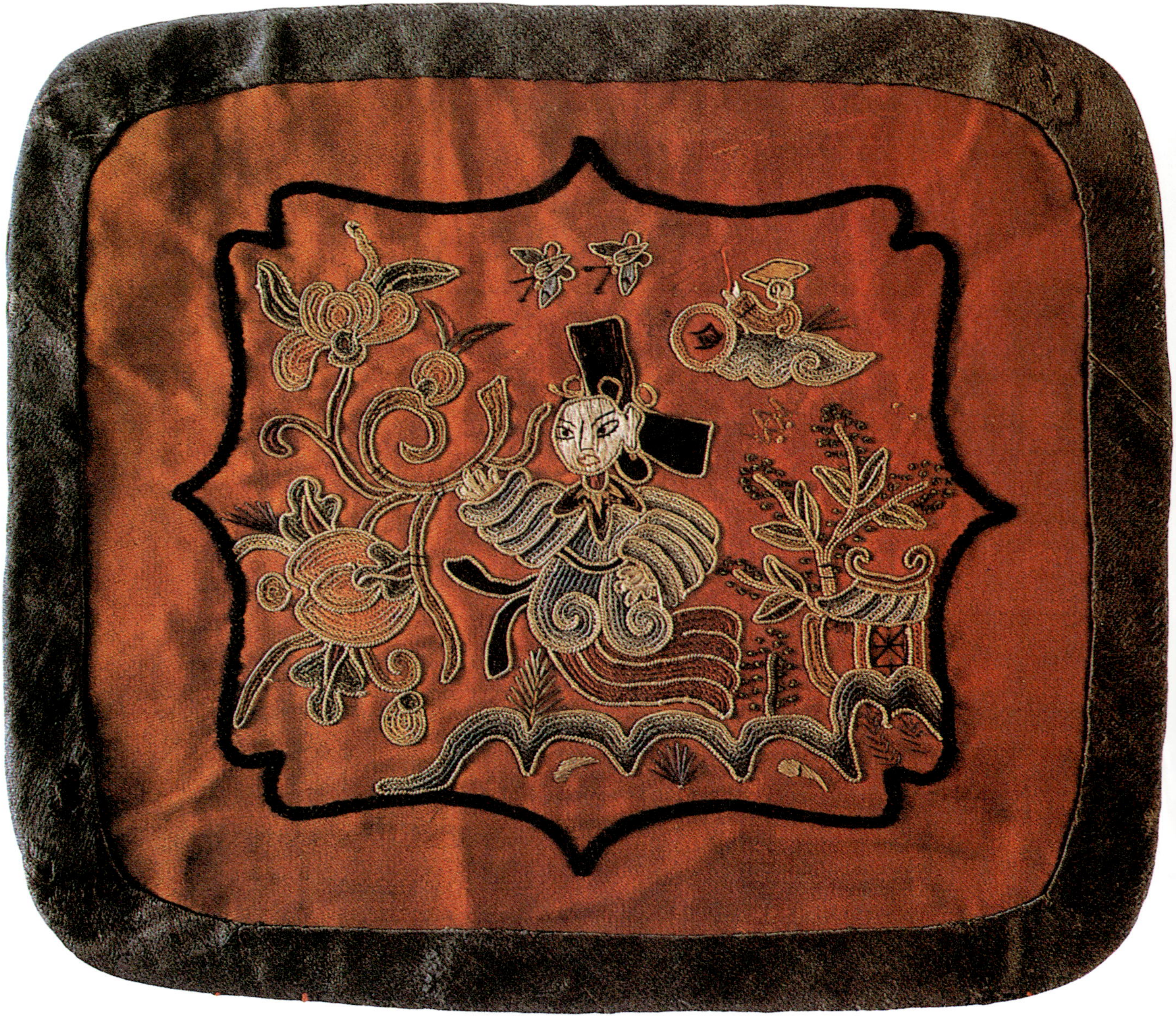

convertido en un cuervo de tres patas. Pronto el aire se fue haciendo más y más frío, y de no haber sido por la sagacidad del sabio rey Yao, todos habrían muerto. Comprendiendo que debía quedar un sol en el cielo para calentar y alumbrar la Tierra, Yao había contado el número de flechas que contenía el carcaj de Yi, y se había asegurado de que el arquero no tuviera suficientes para acabar con todos los soles.

Cuando su tarea estuvo conlcuida, Yi se encargó de los monstruos que aún amenazaban la vida en la Tierra. Con gran habilidad y valentía, Yi mató una tras otras todas las bestias feroces hasta que la Tierra volvió a quedar en paz.

Todos aclamaron a Yi como un héroe y le mostraron su agradecimiento por haberles salvado de un destino tan terrible. Con las alabanzas todavía resonando en sus oídos, Yi volvió al cielo con su esposa, Chang E, para informar del éxito de su misión. Pero en lugar de ser recibido con los brazos abiertos, el héroe se encontró con el desprecio del dios Dijun.

"No puedo negar que has cumplido mis órdenes, y sin embargo confieso que tu presencia se me hace insoportable, pues has matado a mis hijos. Tú y tu esposa debéis abandonar el cielo y volver a la Tierra con aquellos a los que tan bien has servido."

La expulsión de Yi y Chang E

Chang E estaba furiosa por lo injusto de tal decisión, y creía que lo más injusto de todo era que ella tuviera que sufrir por las acciones de su marido. De mala gana, recogió todas sus cosas y emprendió el camino hacia la Tierra. Una vez allí, Yi ocupaba sus días en la caza, pero Chang E no era capaz de encontrar solaz en su nuevo hogar y mataba las horas rumiando su desgracia. "Ahora que hemos sido enviados a vivir en el mundo de los humanos, un día, igual que todos ellos, moriremos y tendremos que descender al mundo de los muertos. Nuestra única esperanza es ir a ver a la Reina Madre del Oeste, que vive en el monte Kunlun, y obtener de ella el elixir de la inmortalidad." Yi partió sin perder un instante y, después de muchos incidentes, por fin se vio en presencia de la Reina Madre. El relato de Yi conmovió a la diosa, que accedió a ayudar a la pareja de esposos.

El elixir de la inmortalidad

"Esta caja contiene suficiente elixir para dar la vida eterna a dos personas, pero aun así,

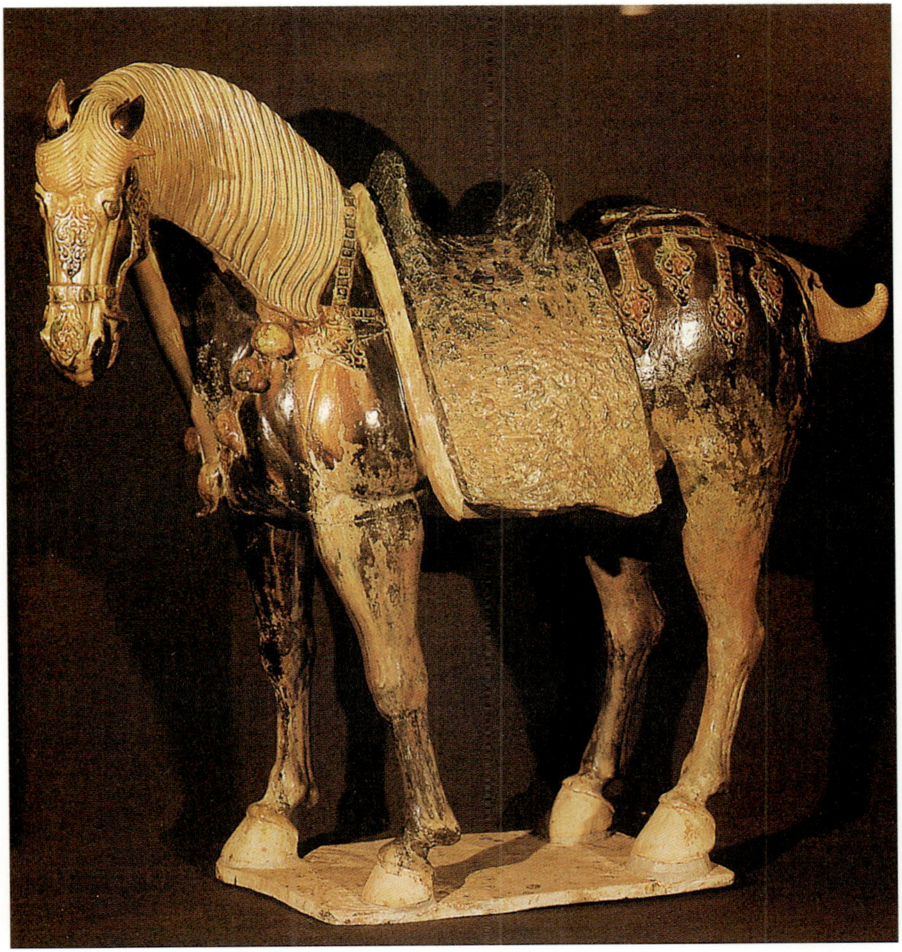

Arriba: Figura funeraria de un caballo realizado en loza vidriada, perteneciente a la dinastía Tang (618-907 d.C.). Es uno más de los objetos con que los chinos pretendían facilitar la vida del difunto en el más allá.

Página opuesta: Almohada bordada con la figura de Chang E en su vuelo a la Luna.

Derecha: Tapiz de seda realizado entre los siglos XVI y XVII. Está decorado con figuras del ave fénix que bailan entre peonías y rocas.

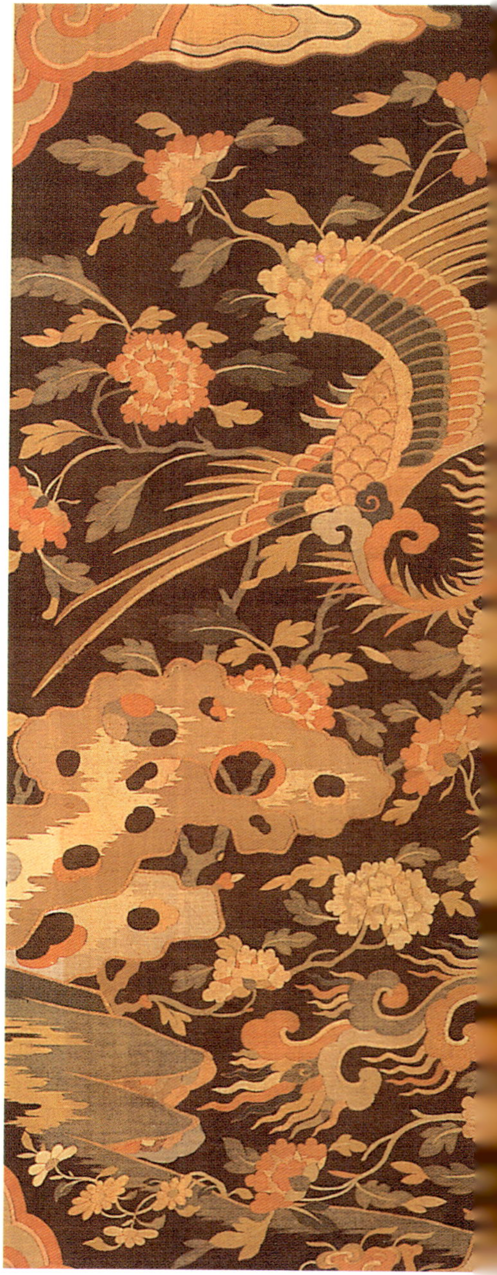

tendréis que permanecer en el mundo de los humanos. Para obtener la inmortalidad completa necesitaríais tomar el doble de esta dosis. Guarda bien la caja, pues cuanto poseo está contenido en ella."

Yi volvió a casa a toda prisa con la preciada caja, que confió al cuidado de su esposa para que la guardara en espera del día propicio para tomar el elixir. Pero Chang E pensó para sí: "¿Por qué no habría de tomarme yo todo el elixir y recuperar así mi antiguo estatus divino? Después de todo, he sido castigada sin ningún motivo."

LA AVARICIA DE CHANG E

Inmediatamente después de beber el elixir, Chang E notó cómo los pies se le despegaban del suelo. Subió y subió hasta salir por la ventana y quedar flotando en el aire de la noche. "Pensándolo mejor", se dijo, "quizá no sea tan buena idea volver directamente al cielo: los dioses podrían criticarme por no compartir el elixir con mi marido."

Chang E decidió que era más prudente ir primero a la Luna, que brillaba por encima de su cabeza en el límpido firmamento. Cuando llegó allí, Chang E no encontró más que un lugar vacío y desolado, sin otro signo de vida que una liebre y una casia. Pero cuando trató de moverse, descubrió con horror que sus poderes la habían abandonado y que estaba condenada a velar aquella soledad hasta el fin de los tiempos.

Yi quedó muy apenado al conocer la traición de su mujer. Tomó a su cargo un discípulo, Peng Meng, tal vez con la esperanza de que sus habilidades no murieran con él. Peng Meng estudió mucho y finalmente alcanzó tal maestría que tan sólo Yi podía superarle con el arco. Pero el alumno se volvía cada día más celoso de la superioridad de su maestro, y un día en que encontró el momento oportuno acabó con su vida.

EL AGUA EN LOS MITOS

Son innumerables las personas que a lo largo de la historia de China han vivido en las márgenes de los ríos Yangtse y Amarillo, sabedores de que las aguas que proporcionaban vida a sus cosechas también podían quitarles la suya algún día. Si bien es cierto que el tema del diluvio está presente en numerosos mitos de todo el mundo, en la antigua mitología china adquiere un significado muy especial. Muchas leyendas hablan de la importancia de controlar las inundaciones, y en ellas queda patente el respeto hacia aquellos que tenían en su mano tal poder.

LA GRAN INUNDACIÓN

Durante el reinado del rey sabio Yao, Tiandi, el supremo dios del cielo, envió una terrible inundación a la Tierra para castigar la maldad de los hombres. Las aguas cubrieron los campos y aldeas, y la gente tuvo que buscar refugio en las montañas. Allí se vieron obligados a competir con los animales salvajes por la comida y los lugares de refugio. Fueron tiempos de gran sufrimiento. De entre todos los dioses del cielo, sólo uno se apiadó de quienes sufrían en la Tierra; su nombre era Gun. Este dios estaba convencido de que aquel castigo era demasiado severo, y suplicó a Tiandi que detuviera el diluvio. Pero su intercesión fue en vano.

Un día, mientras se estrujaba el cerebro buscando la forma de controlar la inundación, Gun se encontró con un búho y una tortuga. Cuando Gun les mencionó el motivo de su preocupación, el búho y la tortuga respon-

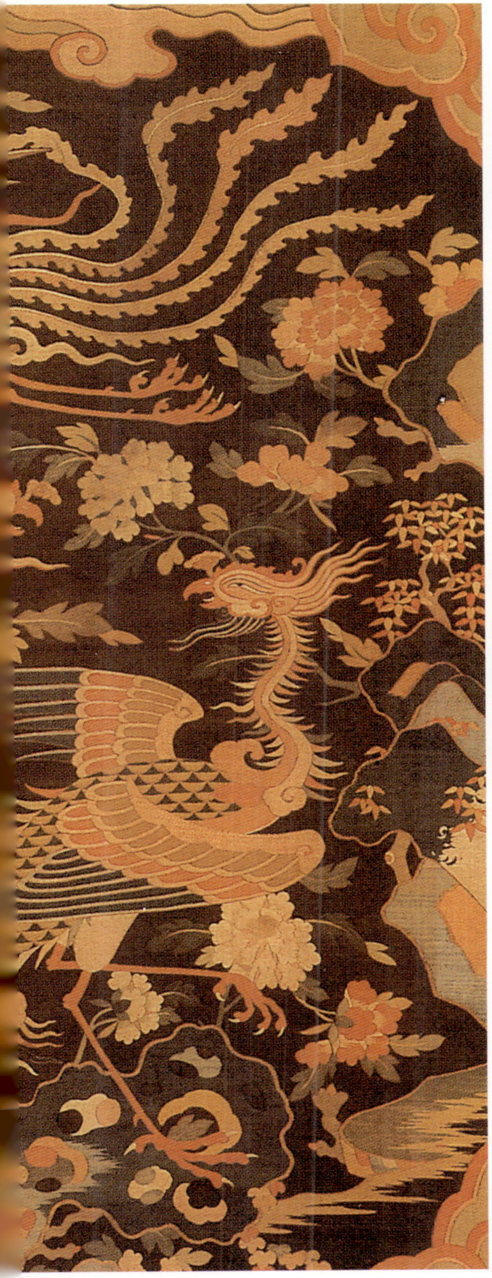

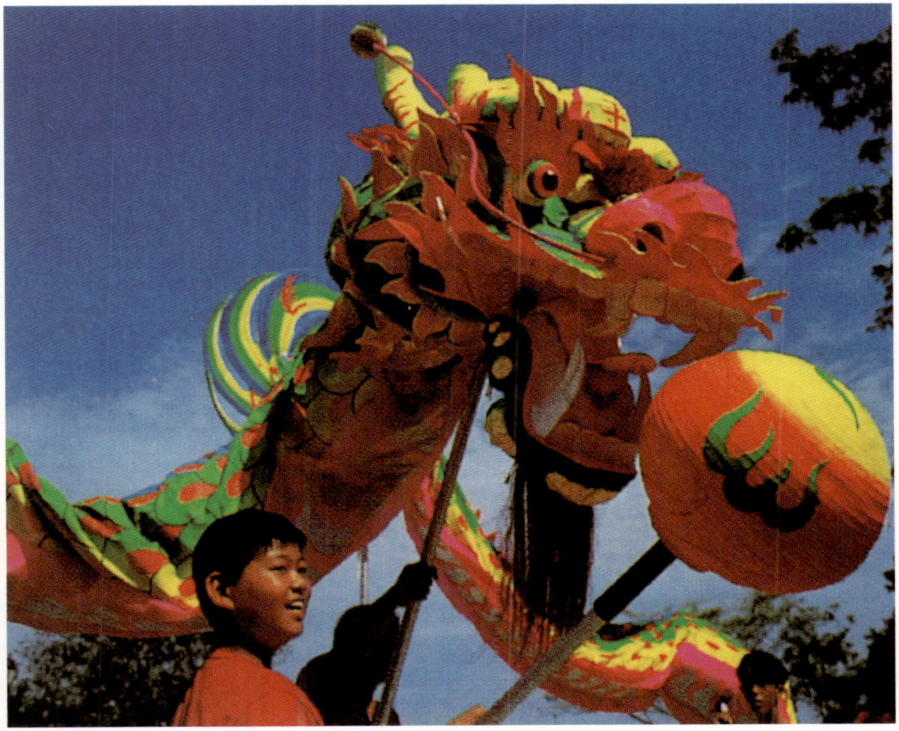

Arriba: Tradicionalmente, los dragones forman parte de la celebración del Año Nuevo chino. Estos animales mitológicos son un símbolo del arte y el folclore del país.

diero: "Tiandi posee una sustancia mágica, que tiene el aspecto de un vulgar terrón. Si pudieras hacerte con él y arrojarlo al agua, el puñado de tierra se expandiría formando unos diques capaces de controlar la inundación."

El deseo que Gun tenía de salvar a aquellos pobres mortales era tan grande que logró vencer todos los obstáculos y obtener el pequeño terrón de suelo mágico. Sin perder un momento, se dirigió a la Tierra y lo arrojó al agua. Al instante, el terrón comenzó a hincharse y al poco rato vio cómo asomaban por encima de la superficie los picos de las recién creadas cadenas montañosas. Pronto las aguas, contenidas por aquellas majestuosas formaciones, fueron absorbidas completamente por la tierra. Los hombres estaban tan agradecidos a Gun que no paraban de bailar y cantar alabanzas en su nombre. Pero Tiandi se enfureció tanto al descubrir lo que Gun había hecho que envió a la Tierra al dios del fuego, Zhurong, que mató a Gun y llevó de nuevo al cielo los restos del terrón mágico, y las aguas volvieron a cubrir el mundo.

El espíritu de Gun

Aunque el dios del fuego había matado a Gun, su espíritu se negaba a morir, ya que no había terminado su tarea. Su cuerpo no se descompuso, y en él empezó a generarse una nueva vida. Al cabo de tres años, durante los cuales los humanos no habían dejado de vigilar el cuerpo de su salvador, Tiandi envió a la Tierra a un dios provisto de una espada con la que debía destruir los restos de Gun. Cuando la hoja de la espada cortó el cuerpo del dios, de su interior salió un terrible dragón, que no era otro que el Gran Yu, hijo de Gun, responsable de terminar la misión que su padre había empezado. Y, en efecto, Yu controló la inundación. Cuando esto ocurrió, el propio Gun se transformó en un dragón amarillo, que halló en el fondo del mar un lugar donde vivir.

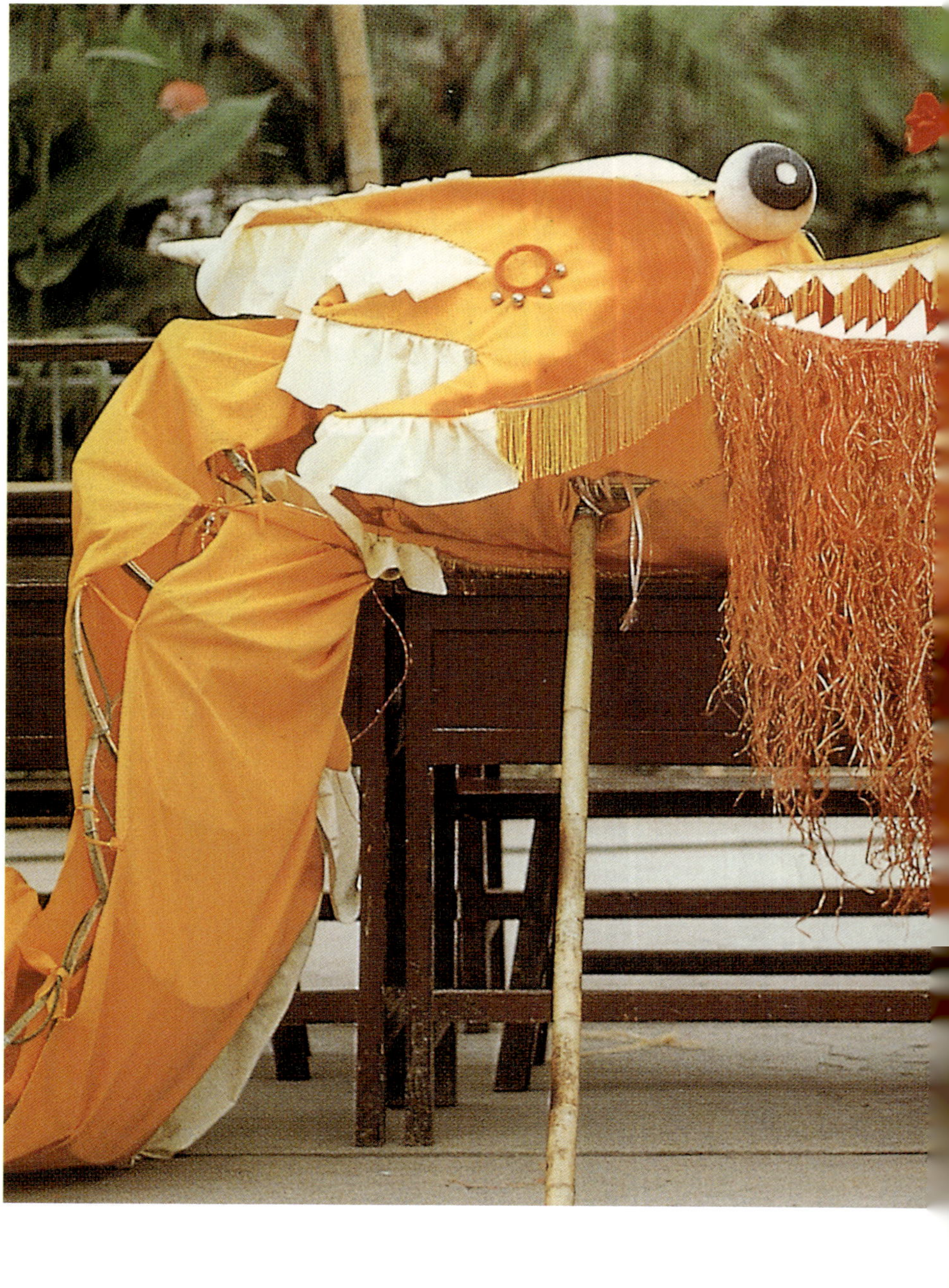

El hijo de Gun

El hijo de Gun, el semilegendario emperador Yu, adquirió gran renombre como ingeniero hidráulico. En el *Shu Ching* ("Libro de la Historia"), el divino monarca Shun le pidió que controlara las inundaciones que todavía azotaban China. Yu pasó trece años "domando las aguas" sin regresar una sola vez a ver a su familia en todo aquel tiempo. Al fin logró dominar el poderoso elemento, y los campos pudieron ser irrigados de manera adecuada; ingenió también sistemas de drenaje y control de las crecidas en todo el valle del río Amarillo. Su trabajo se vio recompensado al convertirse en el fundador de la primera dinastía imperial, la legendaria dinastía Hsia.

Yu es un héroe del confucianismo, famoso por sus dotes organizativas. Sin embargo, para los taoístas, su trabajo se apartaba de la manera natural de hacer las cosas, y pensaban que, en cierto modo, había interferido en el curso de la naturaleza.

El comercio de la seda

Durante siglos, la seda y las especias fueron los productos comerciales más valiosos de China. Los chinos habían empezado a hilar la seda en fecha tan temprana como el año 1200

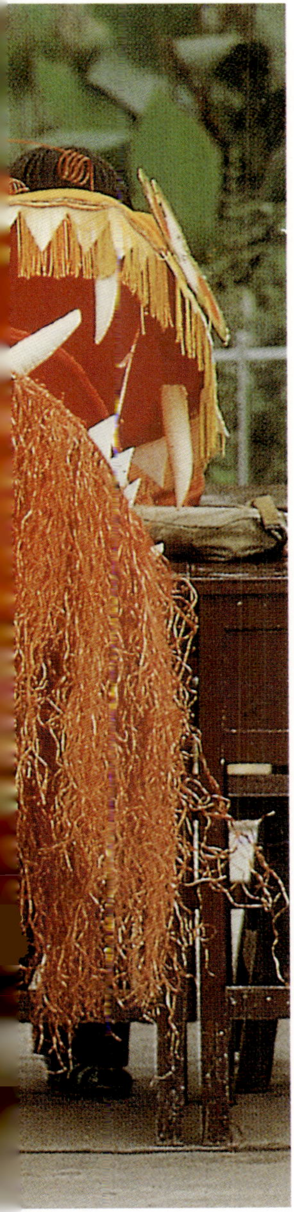

a.C. Todavía hoy el país es uno de los grandes productores de seda del mundo. La siguiente leyenda habla de los orígenes de este producto.

LA LEYENDA DE LA DIOSA DE LOS GUSANOS DE SEDA

Había una vez una joven cuyo padre pasaba mucho tiempo fuera de casa en viajes de negocios. Un día, mientras cepillaba su caballo, contó al animal cuánto echaba de menos a su padre. Le dijo que estaría dispuesta a casarse con cualquiera que pudiera traérselo de vuelta a casa. Al oír esto, el caballo salió como un rayo en busca del hombre.

A muchas millas de distancia, el padre estaba afanado en su tarea cuando, de pronto, vio llegar al caballo relinchando agitadamente. Preocupado porque hubiera ocurrido una desgracia, el comerciante saltó sobre el animal y volvió a casa al galope. Al llegar comprobó que todo estaba en orden, y preguntó a su hija la razón de que el caballo le hubiera hecho volver con tal precipitación. Ella contestó que quizá el animal sabía cuánto le echaba de menos.

LA MUERTE DEL CABALLO

Aunque durante los días siguientes el caballo recibió doble ración de forraje, no parecía muy contento y se negaba a comer. Tan sólo aguzaba las orejas cuando la hija se acercaba, y la recibía con agitados relinchos y gran alboroto. El comerciante preguntó a su hija el porqué de tan extraño comportamiento, y entonces ella recordó su promesa de casarse con quien trajera de vuelta a su padre. El hombre se enfureció al conocer las pretensiones del caballo y, aunque era un magnífico animal, se dirigió al establo y lo mató. Después lo desolló y colgó la piel a la intemperie para que se secase.

Izquierda: La danza del dragón se representa el día de Año Nuevo. Algunos consideran que el dragón trae la primavera y la fertilidad.

LAS CONSECUENCIAS

Al día siguiente, mientras se encontraba fuera con unos amigos, la muchacha bromeaba viendo lo que quedaba del osado caballo; de pronto, la piel salió volando, envolvió a la joven y la llevó por los aires fuera del alcance de la vista. Al volver a casa, el padre y los vecinos la buscaron por todas partes. Ya habían perdido la esperanza de encontrarla con vida, cuando por fin la vieron en lo alto de una morera, envuelta en la piel del caballo. La hija se había convertido en una extraña criatura con cuerpo de gusano y cabeza de caballo, de la que brotaba constantemente un hilo blanco de seda que la iba envolviendo poco a poco.

Así es cómo la joven se convirtió en la diosa gusano de seda. Algún tiempo después, la diosa descendió del cielo para ofrecer al Emperador Amarillo un regalo, hecho, claro está, de seda. El emperador estaba tan contento con el regalo que decidió que en adelante él y su esposa criarían gusanos de seda; y éste fue el comienzo de la industria de la seda en China.

LA GRAN MURALLA

No es sorprendente que uno de los monumentos más grandes del mundo creados por el hombre se haya convertido en el tema de una leyenda. La Gran Muralla china fue empezada durante la dinastía Qin en el año 214 a.C. para repeler los ataques de los turcos y mongoles que procedían del norte. Esta pared hecha de tierra y piedra y revestida de ladrillo, que se extiende a lo largo de mil cuatrocientas cincuenta millas, es un tributo a la

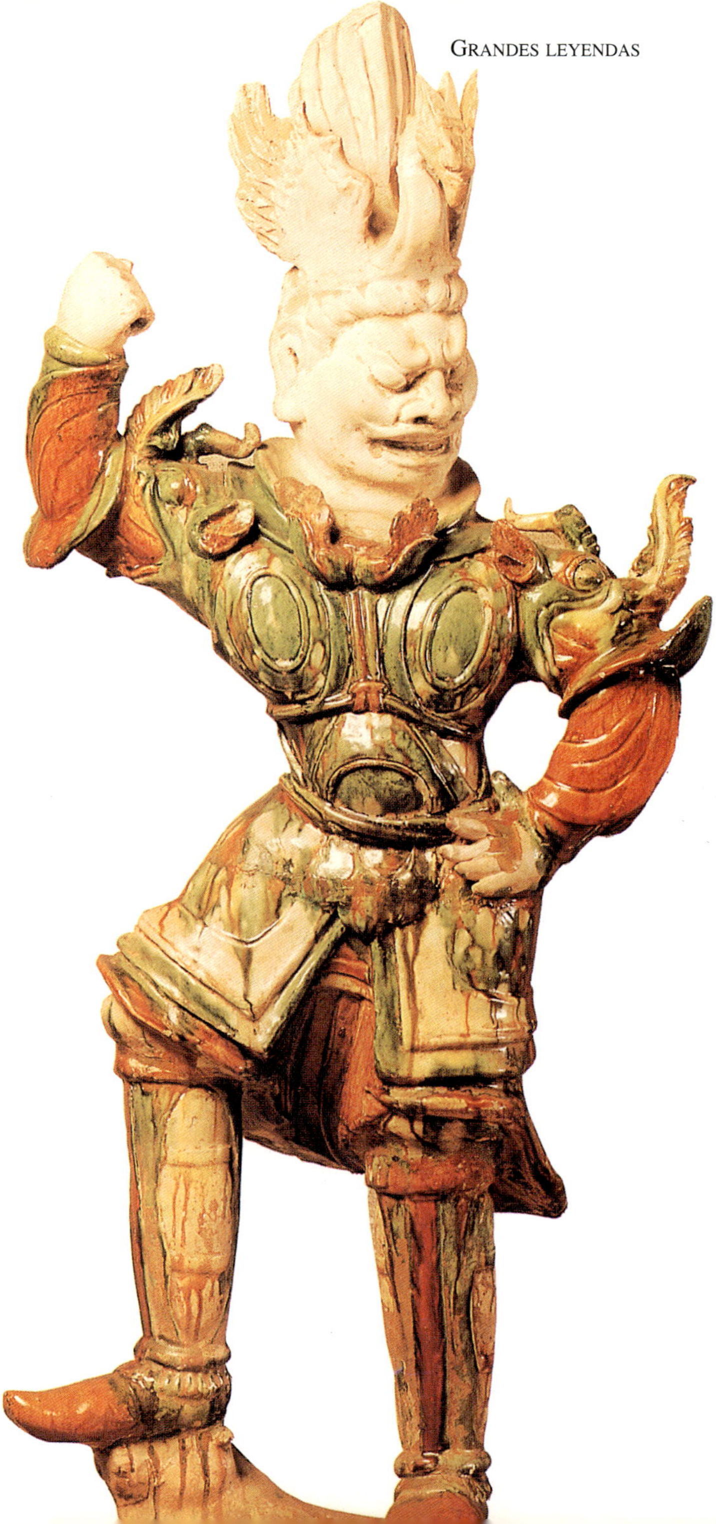

pericia de los hombres que la diseñaron y construyeron hace muchos siglos.

El marido de Meng Qiang nu fue reclutado para ayudar a construir la Gran Muralla, un honor del que su familia estaba muy orgullosa. Meng estaba muy preocupada porque habían pasado muchos meses y en todo ese tiempo no había recibido noticias de su marido. La devota esposa había hecho frecuentes ofrendas a los dioses, y pedido a las autoridades competentes que averiguaran su paradero, pero nadie parecía saber nada de él. Finalmente, Meng se vio obligada a admitir que nunca más volvería a ver a su esposo, otro de los muchos trabajadores cuya vida había sido sacrificada en defensa de su país.

La viuda lloraba desconsoladamente, y tal fue su llanto que al final echó abajo la muralla.

BESTIAS MÍTICAS

Los dragones son los animales mitológicos más importantes de la tradición china. Al contrario que sus homónimos europeos, los dragones chinos siempre han disfrutado de una buena relación con los humanos, aunque a veces tambíen tienen sus momentos de mal genio. El dragón representa el elemento masculino yang. A partir de la dinastía Han, este animal pasó a ser el símbolo del Hijo del Cielo, es decir, el emperador. La parte femenina yin está representada por el ave fénix, que corresponde a la emperatriz. Y la unión de ambos animales simboliza la armonía del estado marital.

Hay cierta afinidad entre los dragones y el agua en todas sus formas: mares, ríos, lagos, lluvia. Se pensaba que cuatro reyes dragones gobernaban los cuatro mares que rodean la Tierra; además, podían encontrarse dragones en los lagos y ríos, habitando palacios de cristal y custodiando preciados tesoros. Los dragones ejercían el control sobre la lluvia, por

Izquierda: Guardián funerario realizado en barro y perteneciente a la dinastía Tang.

lo que suelen representarse jugueteando con una bola o una perla (símbolo del trueno) y rodeados de nubes.

LAS TRADICIONES DE AÑO NUEVO

Al comenzar el Año Nuevo chino, fecha que, según el calendario lunar, tiene lugar a finales de enero o principios de febrero, se representa una danza del dragón. De la cabeza a la cola, una fila de bailarines, cada uno con un palo, sostiene una parte del gigantesco cuerpo del dragón. Moviéndose hacia arriba y hacia abajo, hacia delante y hacia atrás, los bailarines hacen que el dragón se retuerza en busca de la bola. Este baile, que puede tener su origen en una antiguo ritual de preparación del suelo antes de la siembra primaveral, se realiza en todas las comunidades chinas del mundo.

El festival del barco-dragón, que se celebra en el sur de China, tiene lugar el quinto día del quinto mes del calendario lunar (hacia mediados de junio). Varios equipos compiten en un carrera de remos sobre embarcaciones alargadas y estrechas cuya proa termina en una cabeza de dragón. La pérdida de un remero durante la competición se consideraba tradicionalmente como un sacrificio al dios dragón, y dado que muchos chinos no sabían nadar, este tipo de sacrificios eran bastante comunes.

LAS LÍNEAS DE DRAGÓN

Una creencia muy extendida afirmaba que el paisaje estaba cruzado por "líneas de dragón", que eran como las venas de la Tierra. Antes de construir un edificio o elegir un lugar de enterramiento, se consultaba al geomántico,

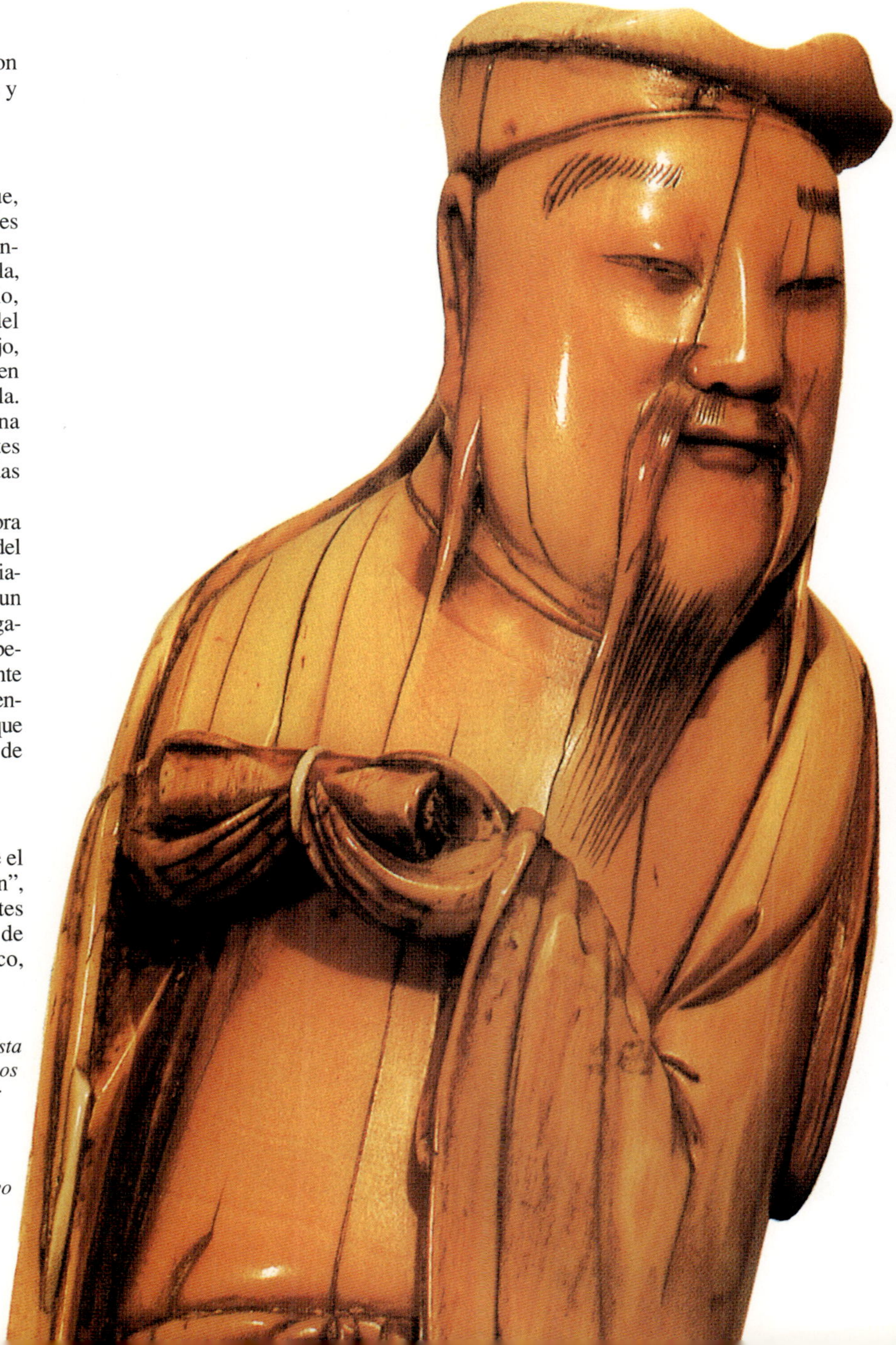

Derecha: Figura de marfil del siglo XVII, dinastía Ming, que representa al inmortal taoísta Chang Kuo Lao. Este personaje viajaba a lomos de un asno que, a su voluntad, podía convertir en un pedazo de papel. Su muerte ocurrió mientras viajaba para encontrarse con la emperatriz Wu. Aunque su cuerpo se descompuso, algunos afirman que se le vio vivo después en las montañas.

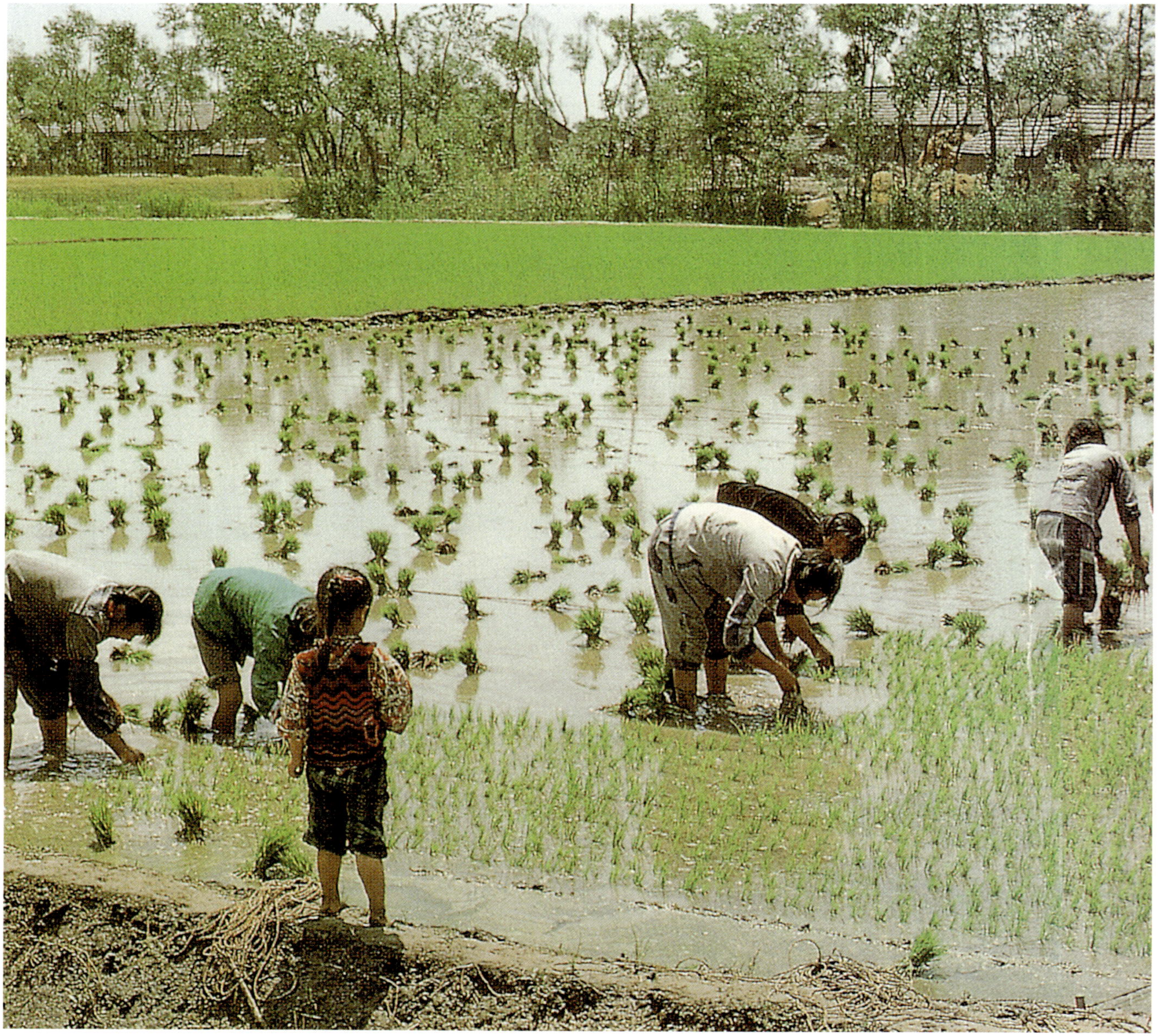

que decidía si el sitio y la actividad entorpecerían o no el curso de las fuerzas naturales que corrían a través de las líneas de dragón, pues de ser así, se provocaría la ira del mítico animal, desencadenando terribles calamidades. Tan poderosa ha sido esta creencia que, todavía en el siglo XX, siguen utilizándose geománticos en algunas partes de Hong Kong. Aunque en China oficialmente se considera a los geománticos como buhoneros y sus prácticas, supersticiones feudales, muchos de ellos siguen ganándose la vida con sus adivinaciones, sobre todo en zonas rurales.

Chung K'ui, el matademonios

Durante la celebración de Año Nuevo, en muchas casas chinas se colocan imágenes de Chung K'ui, el matademonios, para proteger el hogar de estos malvados seres. Chung K'ui es una popular figura mitológica sobre la que existen muchas leyendas.

Una historia cuenta que Chung K'ui era un pobre estudiante que aprobó los exámenes del Estado, pero que, al no encontrar trabajo debido a su extraordinaria fealdad, se suicidó en las escaleras del palacio imperial, lo que convertía el edificio en un lugar favorito para los demo-

Página anterior: El trasplante de los plantones de arroz se realiza hoy de la misma incómoda manera que hace siglos: la necesidad de obtener una buena cosecha da forma a muchos de los mitos de China.

Debajo: Los chinos han sido unos consumados jinetes, y los caballos han tenido siempre cabida en la pintura y escultura de este pueblo, como se muestra en esta pintura funeraria de la dinastía Han.

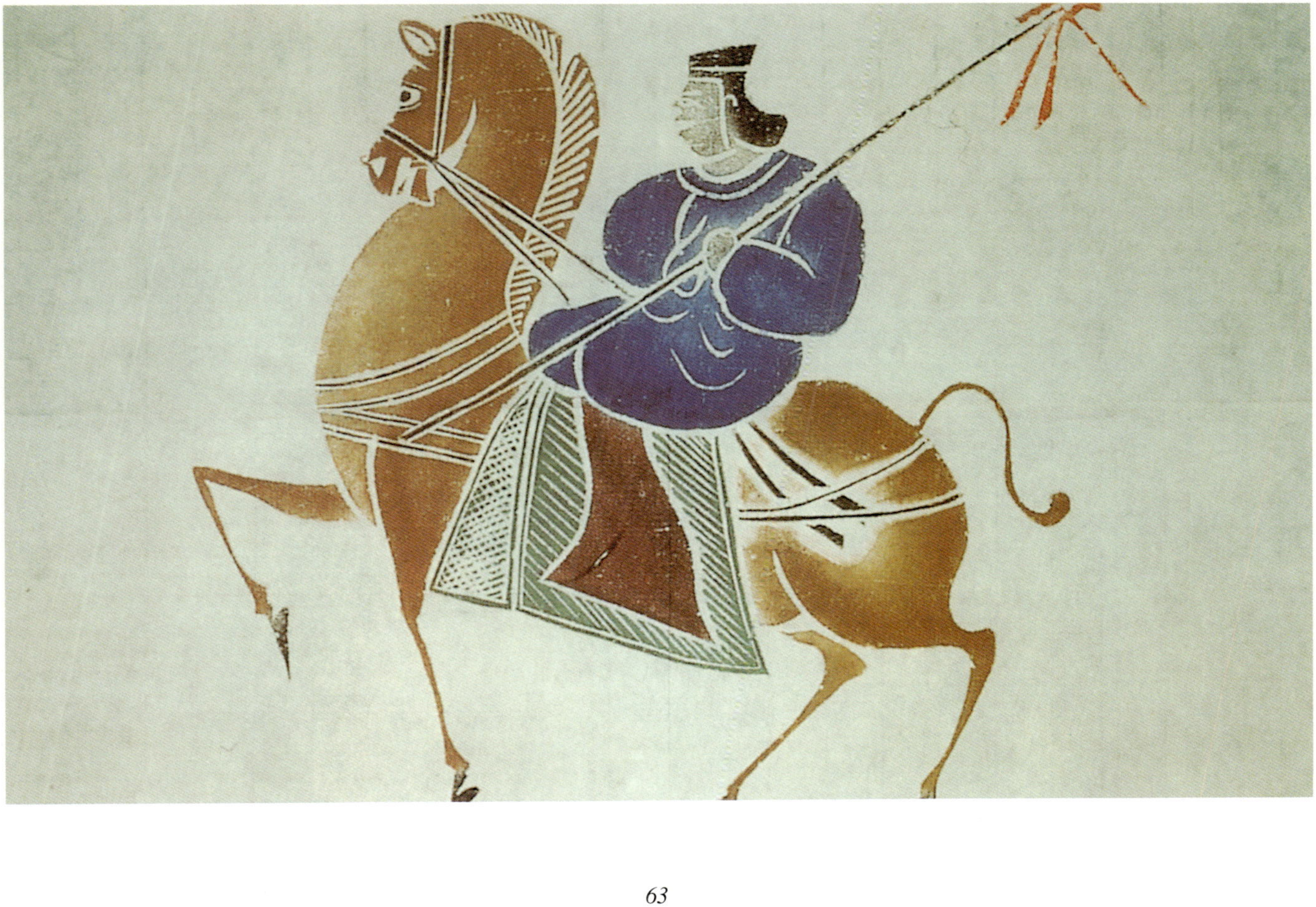

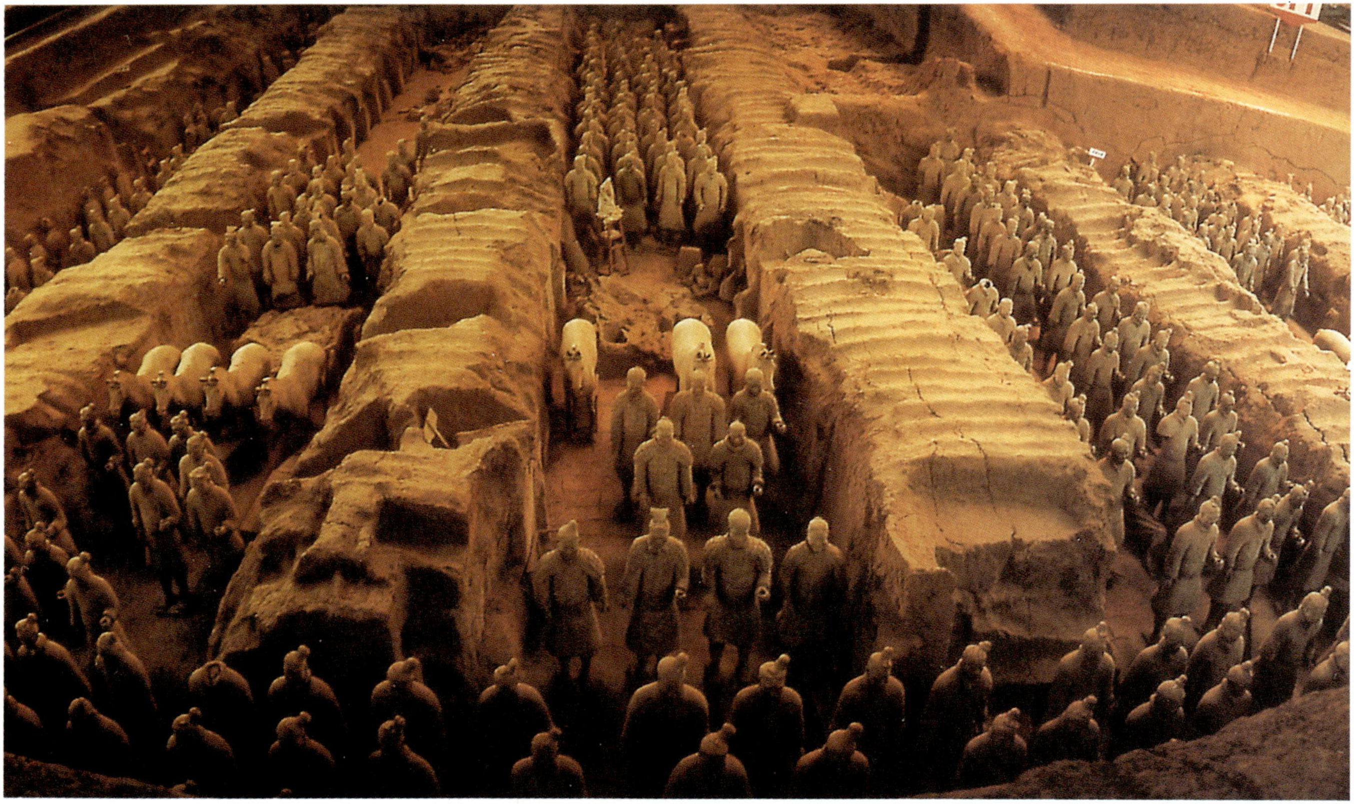

Arriba: Majestuosas hileras de los silenciosos Guerreros de Terracota, representaciones a escala real de los soldados del ejército del emperador Qin, siglo III.

nios. El demonio rojo apareció e hizo que enfermase el emperador, pero el fantasma de Chung K'ui volvió para matar al demonio con su espada y curar así el mal que aquejaba al soberano. En señal de agradecimiento, el emperador le hizo un solemne funeral y anunció que a partir de ese momento Chung K'ui sería el "matademonios" en todo el vasto imperio. En el infierno, Chung K'ui reclutó un gran ejército de espíritus que le ayudaban en su cometido.

En sus representaciones, Chung K'ui suele aparecer cabalgando sobre un tigre (poderoso animal *yang*) y llevando una trampa para demonios con la que captura a los cinco animales venenosos: la serpiente, el ciempiés, la araña, la salamanquesa y el sapo. Todos ellos representan el elemento negativo *yin*, y en el norte de China son expulsados en el quinto día del quinto mes.

Conclusión

Las grandes leyendas chinas reflejan una mezcla de intereses sobrenaturales y mundanales. Sus temas giran en torno a las poderosas fuerzas de la naturaleza y la manera de obtener provecho de ellas, y se ocupan también de la salvación de los individuos.